HOME IS WHERE YOU PARK IT

CAMPER
IM GLÜCK

HOME IS WHERE YOU PARK IT

FOSTER HUNTINGTON

Produktmanagement: Kerstin Thiele, Sonya Mayer
Übersetzung aus dem amerikanischen Englisch: Karl-Heinz Ebnet
Lektorat: Claudia Alt
Satz: Eva-Maria Klaffenböck
Layoutgestaltung: Laura Klynstra
Umschlaggestaltung: Elke Mader unter Verwendung eines Bildes von J.R. Switchgrass
Herstellung: Anna Katavic

Gesamtherstellung: GeraNova Bruckmann Verlagshaus GmbH

★★★★★

Sind Sie mit diesem Titel zufrieden? Dann würden wir uns über Ihre Weiterempfehlung freuen. Erzählen Sie es im Freundeskreis, berichten Sie Ihrem Buchhändler, oder bewerten Sie bei Onlinekauf. Und wenn Sie Kritik, Korrekturen oder Aktualisierungen haben, freuen wir uns über Ihre Nachricht an den Bruckmann Verlag, Postfach 40 02 09, D-80702 München oder per E-Mail an lektorat@verlagshaus.de.

Unser komplettes Programm finden Sie unter www.bruckmann.de

Text- und Bildnachweis: auf der Seite 245 finden Sie ein Verzeichnis aller Mitwirkenden.
Umschlagrückseite: Jonathan Edward Johnsten

Die Originalausgabe mit dem Titel *Van Life* wurde erstmals 2017 im Verlag Black Dog & Leventhal Publishers, einem Imprint von Hachette Books Group, 1290 Avenue of the Americas, New York, NY 10104 veröffentlicht (hachettebookgroup.com; www.blackdogandleventhal.com).

Die Deutsche Nationalbibliothek verzeichnet diese Publikation in der Deutschen Nationalbibliografie; detaillierte bibliografische Daten sind im Internet über http://dnb.d-nb.de abrufbar.

ISBN 978-3-7343-1154-3

Schmutztitel: VW Transporter Westfalia (Cowboy Jackpot), Teton Range, Wyoming, USA, Foto: Christine Gilbert
Vorhergehende Seite, links: VW Caravelle, Bj. 1986, Ventura, Kalifornien, USA, Foto: Evan Skoczenski
Vorhergehende Seite, rechts: VW Westfalia, Bj. 1977, Mount Hood, Oregon, USA, Foto: Callie McMullin
Gegenüber: VW Transporter Westfalia (Sunshine), Bj. 1976, Kansas, USA, Foto: J.R. Switchgrass

INHALT

Ford Transit (Rusty), Bj. 2008, Hawke's Bay, Neuseeland, Foto: Jonathan Edward Johnston

VW Caravelle, Wolfsburg Edition (Penelope the Westy), Bj. 1986, Big Sur, Kalifornien, USA, Foto: Gunnar Widowski

Die Fotos, Geschichten und Interviews in diesem Buch dienen hoffentlich als Inspiration, vielleicht animieren sie zum Reisen, vielleicht sogar zu einer gravierenden Änderung im Leben. Wie Mark Twain so schön sagte: »Reisen ist fatal für Vorurteile, Bigotterie und Engstirnigkeit, und gerade deshalb hätten viele eine Reise dringend nötig.« Dem stimme ich aus vollem Herzen zu. Die beste Zeit verbrachte ich hinter dem Steuer eines Wohnmobils, wenn ich einen Platz zum Übernachten suchte und und mich darauf freute, mit dem Sonnenaufgang aufzuwachen, um mich sofort wieder auf den Weg zu machen.

— FOSTER HUNTINGTON

KAPITEL 1

VW TRANSPORTER T3

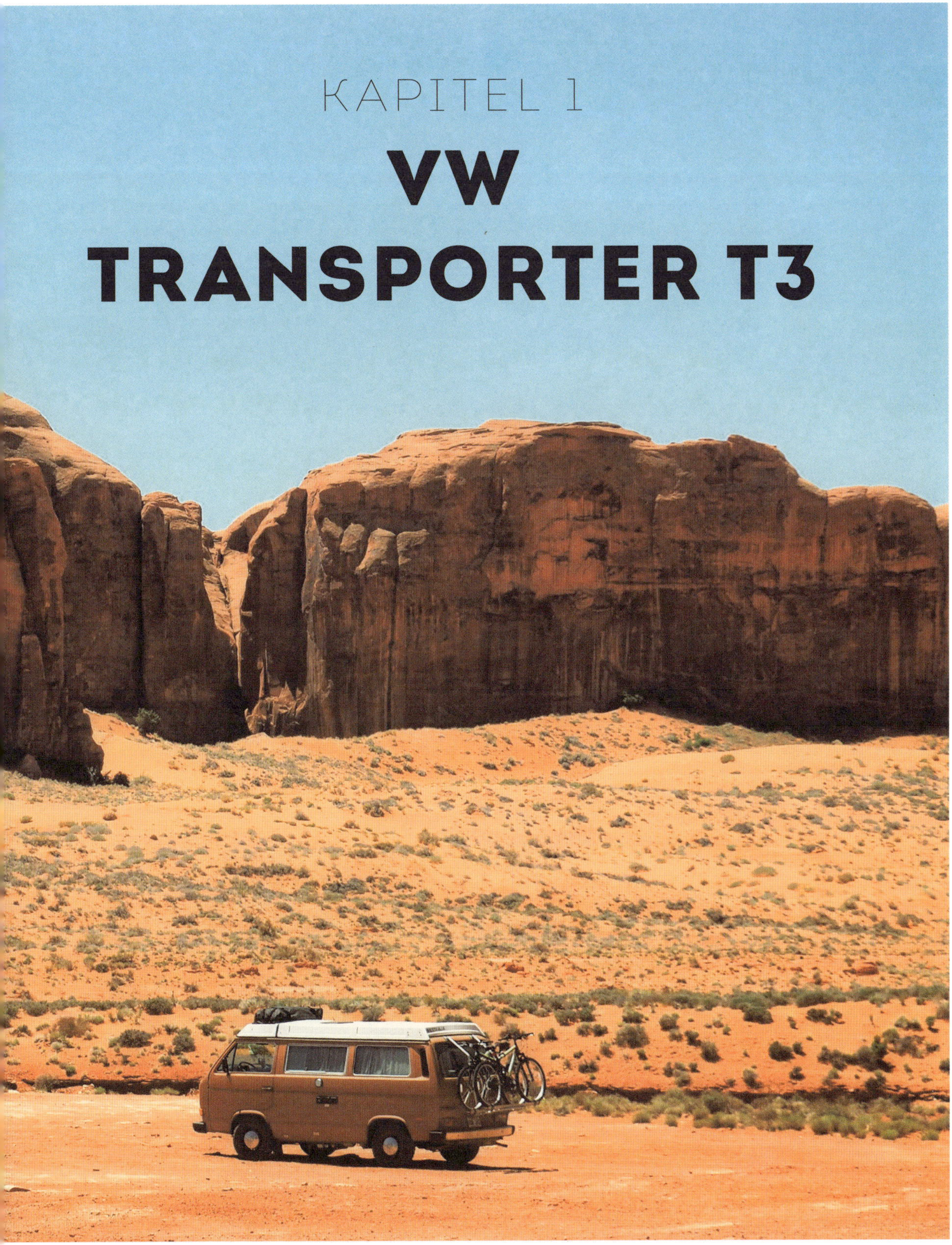

Vorhergehende Seite:
VW Transporter Westfalia (Popo), Bj. 1984, Yosemite National Park, Kalifornien, USA
Foto: Joanna Boukhabza und Eric Bournot

Im Uhrzeigersinn von links:
Vancouver Island, British Columbia, Kanada; Gothic, Colorado, USA; Baja California, Mexiko

Flucht aus New York: Mein erster Van, mit dem ich in zwei Jahren 130 000 Kilometer zurücklegte und dabei ein ganz neues Lebensgefühl erfuhr.

Ich ließ den Deckel der Burrito-Schale aufploppen, fummelte die Plastikgabel und das Plastikmesser aus der Zellophanpackung und vermantschte die Bohnen, den Reis und das Fleisch. Dann lehnte ich mich auf meinem Bürostuhl zurück und nahm einen ersten Bissen. Kein Vergleich mit einem West-Coast-Burrito, trotzdem viel besser als das, was man in Midtown Manhattan sonst so zu Mittag bekam. Ich kaute zufrieden, klickte das E-Mail-Programm weg, öffnete ein neues Browser-Fenster und ging auf TheSamba.com, ein Forum und eine Verkaufsplattform für VW-Busse.

»Schau dir das mal an«, sagte ich kauend und zeigte auf eine Anzeige für einen VW Caravelle Syncro, Baujahr 1987.

Tyson, mein Kollege, riss sich von seinem Laptop und Burrito los und warf einen Blick auf meinen Bildschirm.

»He, das ist krass! Hat der etwa Allrad?« Er wandte sich wieder seinen Sneaker-Websites zu, mit denen er sich mittags immer beschäftigte.

»Ja. VW hat die in den Achtzigern ein paar Jahre produziert. Ich will mir einen zulegen.«

»Was willst du damit? Und wo willst du den abstellen?«

Tyson hatte nicht unrecht. Autofahren in New York war mit astronomischen Kosten verbunden. Aber ich hatte einen Plan, einen ganz einfachen.

»Ich will für eine Weile rumreisen. Der Wagen hat ein Bett und eine kleine Küche. Ich fahr einfach herum und wohne auch darin.«

»Und das alles hier lässt du sausen?« Tyson deutete auf unser fensterloses Büro.

In Manhattan, auf dem Weg zur Arbeit, in der U-Bahn, selbst vor dem Einschlafen dachte ich nur daran, die nie endenden Schotterpisten des amerikanischen Westens unsicher zu machen.

»Genau. Eben darum geht's doch wirklich.« Ich lachte und schob mir den nächsten Burrito-Bissen rein.

In den nächsten Wochen intensivierte ich die Web-Suche nach dem Bus, aus meiner gelegentlichen Mittagsbeschäftigung wurde eine Vollzeit-Obsession. Täglich verfolgte ich in einem halben Dutzend Foren die Anzeigen. Nach stundenlangen Recherchen versteifte ich mich auf einen Wagen, den ich mir unbedingt einbildete: einen VW T3 Syncro – eine Rarität unter den Raritäten. An die dreitausend dieser Bullis wurden zwischen 1987 und 1991 in die USA importiert, wo sie unter Off-Road-Begeisterten und der VW-Hippie-Community sowas wie Kultstatus erlangten. Mit Syncros, wie sie hierzulande liebevoll genannt werden, kommt man überallhin, wenn auch nur langsam. Sie sind untermotorisiert, aber ihre eher gemächliche Geschwindigkeit übte einen großen Reiz auf mich aus. Das hohe Tempo in meinem Beruf forderte allmählich seinen Tribut, und die Entscheidung, die mein ganzes Leben verändern würde, rückte immer näher.

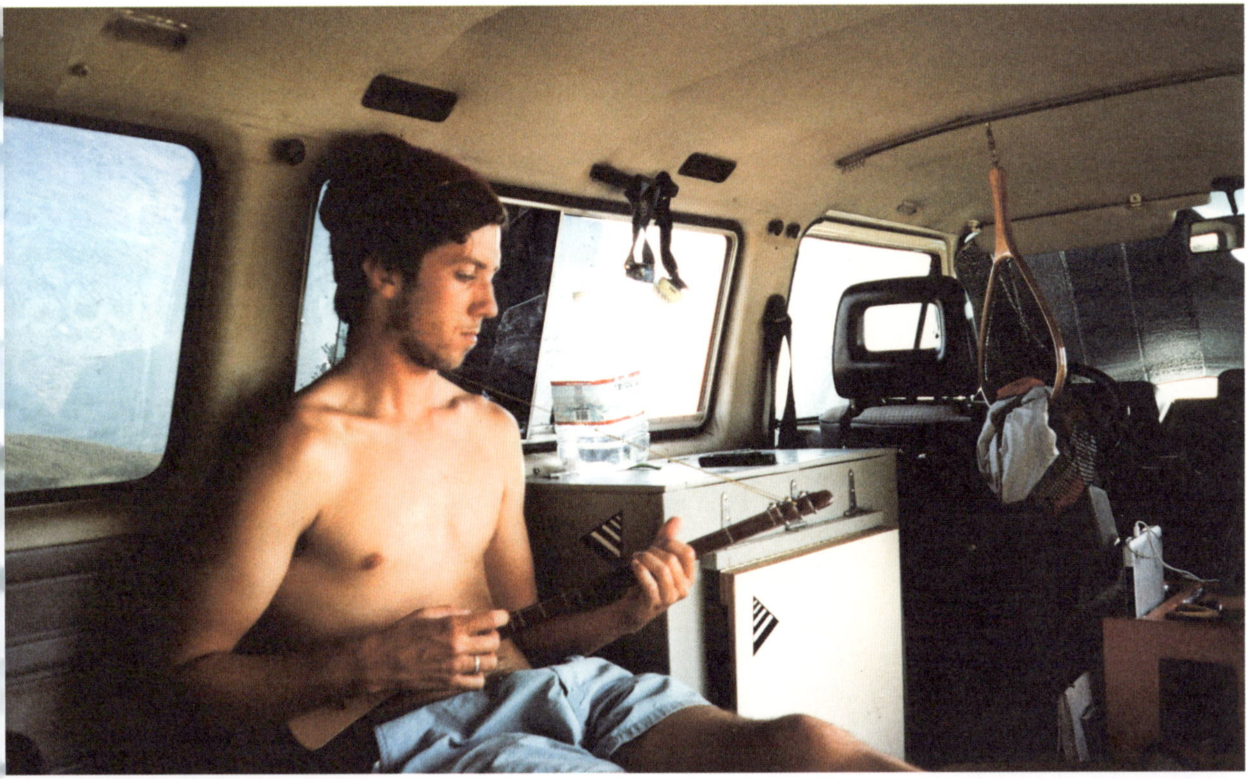

Oben: Big Sur, Kalifornien, USA; *unten:* Humboldt County, Kalifornien, USA

Mit der Suche nach diesem seltenen Bus, der kaum zu bekommen war, verbrachte ich zahllose Stunden im Internet, meine Tagträume allerdings kreisten eher um die Orte, die ich mir damit erschließen konnte. In Manhattan, auf dem Weg zur Arbeit, in der U-Bahn, selbst vor dem Einschlafen dachte ich nur daran, die nie endenden Schotterpisten des amerikanischen Westens und Mexikos unsicher zu machen. Ich träumte davon, abgelegene Gebiete von Baja California zu erkunden, mir einen Weg durch die verschneiten Bergstraßen von Wyoming zu bahnen. Ich las, was andere Camper über solche Touren schrieben. Ich redete mit Freunden, die einige Zeit in Bussen gewohnt hatten. Ich sah mir Youtube-Videos an. Ich war Feuer und Flamme, und alles kam mir anfangs ganz einfach vor und dennoch irgendwie unerreichbar. Aber alles, was ich brauchte, war ein Zuhause auf vier Rädern.

Meine Vernarrtheit in Autos, in denen man auch wohnen konnte, stammte von einem einmonatigen Trip durch Kalifornien, den ich Mitte der Neunzigerjahre als Achtjähriger mit meinen Eltern unternommen hatte. Damals hatte ich keine zwei Tage gebraucht, um mich an das Hochdachbett des kleinen Wohnmobils zu gewöhnen, in dem ich während der Fahrt lag und dem Soundtrack von *Forrest Gump* lauschte. Damals verliebte ich mich in die Einfachheit und das Ungezwungene dieses Lebens. Wollte man schlafen, fuhr man einfach an den Straßenrand, und am nächsten Morgen wachte man in einer herrlichen Umgebung auf. Während dieser Kalifornien-Tour erzählten meine Eltern Geschichten aus ihrer Vergangenheit, von ihren Reisen durch Mexiko in ihrem 300-Dollar-Bus und von abenteuerlichen Familienausflügen durch das nördliche Wisconsin. Das alles weckte meine Begeisterung für diese Form des unabhängigen Reisens. Meine jungenhafte Fantasie machte das Auto, in dem man schlafen konnte, zu einem fahrbaren Fort, zu einem selbstgebauten Rückzugsort. Mit anderen Worten, es gab nichts Besseres.

Nach der Highschool in Oregon zog ich nach Maine und verbrachte vier Jahre in einem kleinen College nördlich von Augusta. In dieser Zeit streifte ich mit meinem Freund und zukünftigen Mit-Wohnmobilisten Dan Opalacz durch die Wälder des Bundesstaats. Hinten in seinem Toyota Highlander, eingeklemmt zwischen Surfboards, durchlitten wir eiskalte Nächte in unserem behelfsmäßigen Bett. Wir parkten in Naturschutzparks und den leerstehenden Einfahrten der im Sommer vermieteten Häuser und warteten, dass die Sonne aufging, damit wir sehen konnten, wie die Wellen waren. Meine aus Kindertagen stammende Vorliebe für das Reisen im Wohnmobil wurde damit nur verstärkt. Jedes Mal, wenn wir unterwegs waren, spürte ich wieder dieses Kribbeln im Bauch, die Aufregung und die Ungebundenheit – Gefühle, die ich zum ersten Mal als Kind in der Koje über der

Vorhergehende Seite: Humboldt County, Kalifornien, USA; *oben:* Malibu, Kalifornien, USA

Fahrerkabine des Wohnmobils erfahren habe, als meine Eltern über die Nebenstraßen des nördlichen Kalifornien rumpelten.

Diese Erinnerungen und Tagträume standen in starkem Gegensatz zu meinem »Erwachsenenleben« in Manhattan. Jeden Tag war ich um 8 Uhr in der Arbeit. Die ersten zwanzig Minuten frühstückte ich am Arbeitsplatz, selten kam ich vor 20 Uhr nach Hause. Ich hatte, wie ich glaubte, meinen Traumjob gefunden und war auf dem besten Weg zu dem sicheren, bequemen und vorhersehbaren Leben, auf das meine Generation konditioniert worden war. Nach außen hin schien ich in der »richtigen« Spur zu sein. Aber ich haderte mit mir und dem immer stärker werdenden Gefühl, dass ich mir von meinem Leben eigentlich etwas mehr erwartete. Eingedenk dessen und beschwingt von meinem Traum, machte ich mich daran, den Abschied aus New York zu planen. Zufällig bekam in dieser Zeit eines meiner Fotoprojekte, *The Burning House*, einige Aufmerksamkeit und sollte in Buchform veröffentlicht werden. Den Vorschuss packte ich zu der bereits angesparten Summe und ging mit noch größerer Dringlichkeit den Buskauf an.

Ende Mai 2011 stieß ich auf die Anzeige für einen VW T3 Syncro. Er hatte alles, was ich wollte: Differenzialsperren vorn und hinten, einen anderen Motor (der übliche wassergekühlte Boxermotor, »Wasserboxer«, war viel zu schwach und ruinierte gern die Zylinderkopfdichtung), bessere Stoßdämpfer und eine neue Lackierung. Wie ich kamen die ursprünglichen Besitzer aus Portland, Oregon, und hatten den Wagen, nachdem sie ihn 1987 erworben hatten, liebevoll gepflegt und gehegt. Noch heute bekomme ich Gänsehaut, wenn ich an den Moment denke, als ich die in der Anzeige angegebene Telefonnummer wählte und der Besitzer sich meldete. Gott sei Dank klappte alles. Es war tatsächlich genau der Richtige! Wir vereinbarten ein Treffen am folgenden Samstag am Flughafen in Reno.

Ich konnte mein Glück kaum fassen. Ich kaufte mir ein Einfach-Flugticket nach Reno, kündigte sofort meinen Job und fing an, meine Wohnung leerzuräumen. Die restliche Zeit in New York verbrachte ich wie im Traum und plante bereits die ersten Umbauten im Bus. Mein Van war für Wochenend-Trips ausgestattet, das hieß, er hatte ein Klappbett, aber keine Küche und kein Aufstelldach. Um ihn wohnlich zu machen, musste man einiges an Arbeit reinstecken. Ich musste einen Küchenblock und Staufächer für Kleidung und Ausrüstung einbauen, zur Vergrößerung des Nutzraums montierte ich einen Gepäckträger und Staukästen auf das Dach. Auf längeren Trips erwiesen sie sich als unerlässlich, um sperrige Gegenstände unterzubringen und den Innenraum nicht vollzustopfen.

Knapp eine Woche später verließ ich endgültig meine Wohnung und fuhr morgens um 4.30 Uhr mit dem Taxi zum Flughafen. Um 13 Uhr stand ich mit einem bis obenhin vollgestopften Seesack und einem Bergsteigerrucksack in der Gepäckausgabe des Reno International Airport. Und dann wartete ich draußen vor dem Ankunftsbereich darauf, dass mein

Highway, Nevada, USA

zukünftiges Zuhause um die Ecke röhrte. Noch bevor ich ihn sah, hörte ich das Dröhnen des (aus einem Audi 80 stammenden) Vierzylinder-Reihenmotors. (Viele Van-Besitzer, mit denen ich gesprochen habe, können Ähnliches von ihrer ersten Begegnung mit ihrem Fahrzeug berichten. Und ebenso ausführlich erzählen sie, wie hart es sie ankam, wenn sie das geliebte Gefährt wieder verkaufen sollten.) Nach der Übergabe der *Title Card* und einem Handschlag ließ ich die alten Besitzer, die sichtlich mit den Tränen kämpften, auf dem Parkplatz zurück und verließ Reno auf der 395 in nördliche Richtung.

Während der nächsten zwei Jahre durchstreifte ich Nordamerika, von British Columbia bis nach Baja in Mexiko, und fuhr 130 000 Kilometer auf den Tacho. Ich schlief in Nationalparks, in den Gebieten des Bureau of Land Management und in Garageneinfahrten von Freunden. Manchmal campte ich völlig abgelegen in der Wildnis, manchmal mitten in der Stadt.

Ich durchstreifte Nordamerika im Bus, von British Columbia bis Baja in Mexiko, und fuhr 130 000 Kilometer auf den Tacho.

Und wie viele Bulli-Besitzer blieb auch ich von Pannen nicht verschont. Auch wenn es nervig war, die Zeit, die man in Abschleppwagen oder auf der Suche nach tapferen Automechanikern verbrachte, die sich kopfüber in den Bus stürzten oder mit der Taschenlampe in der Hand unter den Wagen krochen, war ein wichtiger Teil der Erfahrung und ein notwendiger Übergangsritus, wenn man das Leben in einem Camper wirklich verstehen will. Auf meinen Reisen lernte ich, auf die Geräusche des Wagens zu lauschen – sein Knarren und Scheuern, sein Ächzen und Stöhnen. Irgendwann war ich mit dem Wagen bis ins kleinste Detail vertraut, so wie es nur möglich ist, wenn man in seinem Fahrzeug lebt.

Der Bus war mein Fortbewegungsmittel und meine Zufluchtsstätte, er verschaffte mir Freiheit und ganz neue Möglichkeiten. Mit ihm lernte ich neue Leute kennen, die auf die eine oder andere Art ebenfalls Kompromisse eingingen, um ein ähnliches Leben führen zu können. Mehr als die schönen Plätze, die ich zu sehen bekam, mehr als der Spaß, den ich dabei hatte, waren es die Freunde, die den größten und weitreichendsten Einfluss auf mein Leben hatten.

VW Caravelle GL Westfalia (Gigi), Bj. 1981,
Muskoka, Ontario, Kanada
Foto: Zachery Nigel

Volkswagen T3

Bildarchiv

3112

Links und oben: VW T3, Bj. 1986,
San Vicente, Spanien
Fotos: Florian Obsteld

VW T3 (Herman), Bj. 1989
Oben: Tasmanien, Australien
Gegenüber oben: Sydney, Australien
Gegenüber unten: Adelaide, Australien
Fotos: Brook James

Links und unten:
VW Caravelle (Chewy), Bj. 1986,
Austin, Texas, USA
Fotos: Brett Lewis

Rechts und unten:
VW Caravelle, Bj. 1986,
Nooksack River, Washington, USA
Fotos: Evan Skoczenski

VW Transporter Westfalia (Popo), Bj. 1984
Oben: Cape Kiwanda, Oregon, USA
Gegenüber: Yosemite National Park, Kalifornien, USA
Nächste Seite: Saguaro National Park, Arizona, USA
Fotos: Joanna Boukhabza und Eric Bournot

VW T4, Bj. 1997,
Olympia, Washington, USA
Foto: Logan Smith

VW T4, Bj. 1997,
Pacific City, Washington, USA
Foto: Logan Smith

VW Caravelle Westfalia (Pushmills), Bj. 1984,
Talkeetna, Alaska, USA
Foto: Mike Pham

VW Caravelle GL (Hayduke), Bj. 1984,
Indian Creek, Utah, USA
Foto: Jennifer Callahan

VW Caravelle GL Westfalia (Gigi), Bj. 1981,
Muskoka, Ontario, Kanada
Foto: Zachary Nigel

HOTEL
GLETSCHER-RESTAURANT
BELVEDERE

VW Multivan Westfalia (Greta), Bj. 1987
Oben: Furkapass, Wallis, Schweiz
Gegenüber oben: Dolomiten, Trentino, Italien
Gegenüber unten: Furkapass, Wallis, Schweiz
Fotos: Road for Greta

Nächste Seite:
VW Caravelle Westfalia (Poppy), Bj. 1981
Links: Cedar Breaks National Monument, Utah, USA
Rechts: Cathedral Gorge State Park, Nevada, USA
Unten: Zion National Park, Utah, USA
Fotos: Megan Matthers

WESTFALIA

KAPITEL 2

VW TRANSPORTER T2 UND T4

Vorhergehende Seite:
VW Westfalia, Bj. 1976,
Joshua Tree National
Park, Kalifornien, USA
Foto: James Barkman

Im Uhrzeigersinn von links:
Pacific City, Oregon,
USA; Brookings,
Oregon, USA; Joshua
Tree National Park,
Kalifornien, USA

Den Westen rauf und runter: James Barkman hat mit seinem unkonventionellen VW Bulli jeden Winkel der pazifischen Nordwestküste kennengelernt.

Seit ein paar Jahren halte ich Kontakt zu James (was nicht einfach ist), während er in seinem gelben T2 die Westküste rauf- und runterkurvt, immer auf der Suche nach den besten Wellen und abgelegensten Klettergebieten. Von British Columbia bis nach Baja – er gehört zu den jungen Abenteurern, die einzig und allein ihr eigenes Ding durchziehen. Als Fotograf, Surfer, Snowboarder, Mountainbiker, Kletterer, Automechaniker verkörpert er das ungebundene Leben in seiner reinsten Form. James hat kein festes Ziel, für ihn zählt nur, ständig in Bewegung zu sein. Irgendwann konnte ich ihn mir zu einem gemeinsamen Gespräch schnappen, und er erzählte von seinen Plänen für die nächsten Jahre.

FOSTER: Was war dein bislang schrecklichstes Erlebnis in deinem Bulli?

JAMES: Mir ist ein Radlager gebrochen, als ich mit knapp 100 km/h unterwegs war, mitten im Regen. Dann rollst du auf der Achse weiter, und das jagt dir einen gewaltigen Schrecken ein. Wie gesagt, das war mitten in einem Unwetter, im Januar in der Nähe von Tacoma, Washington. Unglaublich.

FOSTER: Was hast du an deinem Bus alles umgebaut?

JAMES: Ehrlich gesagt habe ich nur den Holzofen eingebaut. Sonst gab es da für mich nichts zu tun. Ziemlich gut, würde ich sagen. Nichts von den originalen Einbauten musste verändert werden. Kein Platz wurde verschwendet, alles hat seinen Zweck. Ich hab bloß den Sitz rausgerissen und den Ofen eingebaut. Dazu einen Boden aus Hartholz und eine Zylinderkopf-Temperaturanzeige. Sonst musste nichts gemacht werden, weil alles einfach funktioniert.

FOSTER: Wie bist du auf den Holzofen gekommen?

JAMES: Ich hab mal vor einiger Zeit ein Internet-Video von so einem verrückten Russen gesehen, der in seinen Volvo anstelle des Beifahrersitzes einen Holzofen eingebaut und das Ofenrohr durch das Dach geführt hat. Da ich im Winter nicht mit Propan heizen will, war der Holzofen für den Bus genau das Richtige. Also hab ich auf Craigslist nach einem gusseisernen Ofen gesucht und den für vierzig Dollar bekommen. Ein Amish hat mir noch ein paar fehlende Teile geschmiedet. Ich hab ihn bloß reingestellt, festgeschraubt und mir überlegt, wo ich das Rohr durchs Fenster führen soll. Das funktioniert hervorragend. In einer Minute ist es abgebaut und verstaut, und ich bin startklar.

FOSTER: Wann hast du dich entschieden, in einen Van zu ziehen?

JAMES: Ich war zwanzig. Damals war ich noch nicht auf Instagram und so. Ich wusste bloß, ich liebe meinen Van, ich lernte mit ihm umzugehen und schlief ungefähr fünf Nächte pro Woche darin, während ich eigentlich noch mit ein paar Freunden in einer Wohnung lebte. So

YAKIMA

Vorhergehende Seite: Olympic Halbinsel, Washington, USA; *oben:* Pacific City, Oregon, USA; *unten:* San Luis Obispo, Kalifornien, USA

bescheuert war ich. Ich zahlte für eine Wohnung, war aber nie dort. Es war also nur logisch, dass ich auszog und in die Wälder abhaute. Als kleiner Junge wollte ich nichts anderes, ich wollte im Wald leben, an einem Fluss, in der Nähe der Berge oder am Meer, aber ich wuchs in einer von Landwirtschaft geprägten Gegend auf, da gab es nichts als Maisfelder, und ich fand es grauenhaft. Meine Familie hatte eine kleine Hütte im Wald, in der ich als Junge so viel Zeit wie möglich verbrachte. Das wollte ich immer, und dieser Wunsch hat mich nie verlassen.

FOSTER: Wann hast du mit der Fotografie begonnen?

JAMES: Es hat mir immer schon Spaß gemacht, kleinere Videos zu drehen. Meine erste Kamera war eine Polaroid, bevor ich mir eine Digitalkamera leisten konnte. Ich hab also schon immer fotografiert, aber ernsthaft betreibe ich die Sache erst seit ein paar Jahren.

FOSTER: Deine schlimmste Panne?

Ich war so bescheuert. Ich zahlte für eine Wohnung, in der ich nie war.

JAMES: Die teuerste passierte in Maine, da ging mir ein Zylinderkopf kaputt. Ich saß eine Woche lang fest, aber wir waren auf dem Segelboot eines Freundes, es hätte also übler sein können. Nur die Reparatur hat einiges gekostet. Meine schlimmste Panne? Kommt darauf an, wie man »schlimm« definiert, manche Pannen sind einfach stressiger als andere. Ich blieb im Joshua Tree National Park in Kalifornien liegen und hatte kein Geld mehr, mich abschleppen zu lassen oder Ersatzteile zu besorgen. Einmal gab im Regen die Zylinderspule den Geist auf, als ich gut fünfzehn Kilometer von jeder Zivilisation entfernt auf einem Waldweg stand, ganz allein. Der Wagen sprang nicht mehr an, aber irgendwie kriegte ich es wieder hin. Ich musste bloß den Motor ausbauen, um an den Anlasser ranzukommen. Das war nicht schön.

FOSTER: Wie viel Zeit verbringst du in den Bergen, wie viel am Meer?

JAMES: Wahrscheinlich verbringe ich mehr Zeit auf der Olympic-Halbinsel, also am Meer. Ich mag die Berge, aber sie sind nun mal meistens weit vom Meer entfernt, und das ist manchmal echt hart. Dann siehst du eine Meldung reinkommen und weißt, gleich wirst du wieder eine wunderbare Welle verpassen. Vom Nordwesten hab ich nicht so viel gesehen, wie ich gern möchte, weil man eben leichter zum Surfen kommt, wenn man am Meer ist.

FOSTER: Wie sehen deine Pläne für den Winter und das nächste Jahr aus?

JAMES: Den Winter über werde ich arbeiten, im Juni breche ich dann mit ein paar Kumpel nach Patagonien auf. Meine Freunde fahren von Pennsylvania los, erst durch Kanada nach Alaska, dort treffen wir uns. Die Einzelheiten müssen wir noch festlegen, aber wir werden von Deadhorse, Alaska, bis runter nach Patagonien fahren. Insgesamt 50 000 Kilometer, und da wir alles selbst finanzieren, gibt es für uns keine Deadline, wir rechnen aber so mit einem halben bis einem Jahr.

FOSTER: Was hast du unterwegs vor? Ein Video drehen?

JAMES: Ich will ein Buch zusammenstellen. Ein Video ist verdammt viel Arbeit. Ein Buch liegt mir, glaube ich, mehr. Auf der Reise werden wir auf ein paar Gipfel steigen, da ist es nicht leicht, ein gutes Video zu drehen, ganz davon zu schweigen, dass man dann ja auch den ganzen Kamerakram mitschleppen muss. Wir sind mit unserer Bergsteigerausrüstung schon ausgelastet genug. Beides wäre einfach zu viel. Ich hab mir sogar schon überlegt, auf der Reise kein einziges Foto zu schießen. Aber diese Reise wollte ich schon so lange machen, da wäre es zu schade, wenn ich nicht fotografieren würde. Natürlich sind wir nicht die ersten, die so was unternehmen, aber wir können es eben ein bisschen anders machen.

FOSTER: Kannst du dir vorstellen, irgendwann mal richtig sesshaft zu werden?

JAMES: Um ehrlich zu sein, nein. Ein unkonventionelles Leben ist für mich nicht einfach nur eine Marotte, sondern schon immer ein ganz grundlegender Teil von mir. Und mein Bus ist ein Mittel, um das umzusetzen, ein Mittel zum Zweck, nichts anderes. Ob ich in einem Bus lebe, auf einem Boot, in einem Zelt oder auf dem Sitz eines Motorrads, ich will immer nur die Dinge machen, die ich als wertvoll empfinde, und das Leben, für das ich mich im Moment entschieden habe, gibt mir nun mal die Möglichkeit, das alles zu verwirklichen.

Pacific City, Oregon, USA

Gegenüber:
VW Westfalia, Bj. 1977,
Bonneville Salt Flats, Utah, USA
Foto: Callie McMullin

Volkswagen T2 und T4

Bildarchiv

VW T1 Samba (Microbus Deluxe), Bj. 1955,
American Fork Canyon, Utah, USA
Fotos: Callie McMullin

VW T2 Kombi, Bj. 1977
Oben: Albulapass, Schweiz
Gegenüber: Davos, Schweiz
Fotos: Martina Bisaz

VW Bus (Sunny), Bj. 1978
Gegenüber: Mackinaw City, Michigan, USA
Links: Cle Elum, Washington, USA
Rechts: Medicine Hat, Alberta, Kanada
Fotos: Alex Herbig

VW Westfalia Champagne Edition (Oscar), Bj. 1978
Oben und gegenüber oben: Salar de Uyuni, Bolivien
Gegenüber unten: Puerto Chicama, Peru
Fotos: Mark Galloway und Bec O'Rourke

VW Bus (The Brick), Bj. 1970,
Camp Nelson, Kalifornien, USA
Foto: Sean Talkington

Gegenüber: VW Westfalia, Bj. 1977,
Redwoods State Park, Kalifornien, USA
Foto: Callie McMullin

VW Westfalia (Rita), Bj. 1975,
Barichara, Kolumbien
Foto: Dillon Vought

VW Westfalia (Sunshine), Bj. 1976,
Million Dollar Highway, Colorado, USA
Foto: J.R. Switchgrass

VW Westfalia (Sunshine), Bj. 1976

Oben: Grand Teton National Park, Wyoming, USA

Links: Bonneville Salt Flats, Utah, USA

Gegenüber: Bighorn Mountains, Wyoming, USA

Nächste Seite: Canyonlands National Park, Utah, USA

Fotos: J.R. Switchgrass

YNP
BW7 373

Oben: Newport Pagnell, England; *unten:* Hossegor, Frankreich

Immer auf Tour: Callum Creasy nimmt mit seinem VW T4 das nächste europäische Abenteuer in Angriff.

Es hat mich unheimlich gefreut, als ich vor Jahren auf Callum Creasys Blog *The Rolling Home* gestoßen bin. Ich dokumentiere ebenfalls meine Reisen – ich schreibe darüber, fotografiere, führe einen Blog. Aber es hat mich ziemlich aufgebaut, dass es andere wie mich gibt, die auf der anderen Seite des Globus etwas Ähnliches machen wie ich. Der Brite Callum hat in seinem VW T4 in Europa bis hinauf nach Skandinavien Zehntausende Kilometer zurückgelegt. Neben seinem Buch *The Rolling Home* gibt Callum mittlerweile *The Rolling Home Journal* heraus, ein Magazin, in dem es sich nicht nur um Camper, Vans und Busse dreht, sondern das sich im weiteren Sinn auch mit alternativen Lebensentwürfen beschäftigt. Es war toll, mit ihm am Telefon zu reden, aber ich hoffe doch sehr, dass wir uns bald persönlich kennenlernen.

FOSTER: Wie und wann hast du deinen T4 gefunden?

CALLUM: Vor dem T4 hatte ich einen Nissan Vanette – einen ziemlich komischen und hässlichen Bus. Er war knallrot. Wir kauften ihn für siebenhundert Pfund, als ich siebzehn war, und dann bauten wir ihn um. Damit fuhren wir im Sommer zum Surfen nach Frankreich, und irgendwann beschlossen wir, dass wir was Größeres wollen. Also sahen wir uns einen Peugeot Boxer an. Ich wollte nie einen T4, weil die so teuer sind und weit über unserer Preisklasse liegen. Aber dann tauchte dieser T4 auf eBay auf, für fünfzehntausend Pfund, was ein ziemlich guter Preis war. Wir boten dem Besitzer zwölftausend, und er meinte bloß: »Klar, kein Problem.« Im ersten Sommer zogen wir los und hatten lediglich eine Luftmatratze hinten drin, damit fuhren wir durch Großbritannien. Der Rest ist, nun ja, Geschichte. Mit der Zeit haben wir ihn mehr und mehr ausgebaut, und seitdem ist dieses und jenes dazugekommen.

FOSTER: Wann habt ihr das Hochdach eingebaut und diese kleinen fantastischen Bullaugen?

CALLUM: Wir hatten den Bus schon vier Jahre, bevor wir das Hochdach draufsetzten. Ein kompletter Zufallsfund auf eBay. Ich geh da immer die Busse durch, und das Hochdach wurde wahnsinnig billig verhökert, in Wales, sechs Stunden entfernt. Wir mieteten einen Sprinter, um das Hochdach abzuholen, dann brauchte ich einen ganzen Monat, bis ich den Mut fand, das Dach auch wirklich aufzuschneiden. Aber sobald das neue Teil drauf war, dachte ich bloß: »O mein Gott, jetzt haben wir so viel Platz.« Das Bullauge stammt von einem Kanalboot, das ich ebenfalls auf eBay fand. Ich wollte mal was anderes. Mit dem Bullauge stellt sich so ein altmodisches Abenteuergefühl ein.

FOSTER: Ich verbringe ebenfalls viel Zeit auf eBay. Ich kaufe dort fast alles.

CALLUM: Jedes Fahrzeug, das ich jemals gekauft habe, kommt von eBay. Was würde ich ohne die Plattform bloß machen?

FOSTER: Wie viel Kilometer hat euer T4 drauf?

CALLUM: Wir haben ihn mit etwa 160 000 Kilometer bekommen, jetzt hat er an die 345 000 Kilometer. Aber, um ehrlich zu sein, er ist unser einziges Fahrzeug, wir nutzen ihn täglich. Wir sind stolz auf ihn, und mit den Einnahmen von unserem Buch haben wir ihn von Grund auf überholt, für uns ist damit ein Traum wahr geworden. Auch wenn das nicht sehr sinnvoll war, eigentlich war es das viele Geld, das wir dafür ausgegeben haben, nicht wert. Aber ...

Newport Pagnell, England

FOSTER: Ihr könnt ihn nicht hergeben.

CALLUM: Genau. Das ist es. Wir können uns nicht von ihm trennen. Vor zwei Jahren hab ich den Motor überholt. Ein neuer Zylinderkopf war fällig, die Zündung musste neu eingestellt werden, aber er läuft immer noch wunderbar.

FOSTER: Wolltest du schon mal nach Afrika? Oder runter nach Marokko?

CALLUM: Ja. Ich möchte nach Südafrika. Vor ein paar Jahren hatte ich einen Job in Kenia, wir befanden uns mitten in der Pampa, und plötzlich stand ein deutscher Sprinter einfach so neben einem Wasserloch, und ich sagte mir: »Wow, ich muss mit unserem Bus auch hierher.« Ich arbeite daran.

FOSTER: 2013 war ich in Marokko, und die ganze Zeit dachte ich mir: »Ich muss mit einem Camper hierherkommen.« Die Wellen sind der Wahnsinn, und es gibt so viele coole Camper, man reist so einfach viel besser.

CALLUM: Marokko liegt für die Europäer traditionell am Ende ihrer »Sonnenroute«. Es gibt ausgetretene Pfade durch Frankreich und Spanien nach Marokko. Wir waren da, wo die Fähre ablegt, wir haben es nur noch nicht gemacht. Wahrscheinlich ist es ganz gut, dass man noch ein paar Orte auf seiner Liste hat, die man noch besuchen will.

FOSTER: Das ist das Tolle, wenn man so nah an Europa ist. Vor dort aus kannst du überallhin. Es ist so einfach, von dort aufzubrechen.

CALLUM: Wir kennen das ja nicht anders. Wir durchqueren an einem Tag fünf verschiedene Länder. Kulturell, sprachlich, alles ist so vielfältig. Wir haben eine große Schleife in Skandinavien gedreht und sind seitdem ganz verrückt nach diesem besonderen nordischen Gefühl.

Cornwall, England

FOSTER: Ich war nie dort, würde aber gern mal hin. Es muss ziemlich lässig sein.

CALLUM: Für Camper gibt es nichts Besseres in Europa. Du kannst dich überall hinstellen. Du kannst parken, wo du willst. Vor allem in Schweden, dort haben sie eine sehr fortschrittliche Einstellung zum Naturschutz, Outdoor-Aktivitäten sind ein wichtiger Teil der Kultur.

FOSTER: Wie steht es damit in Großbritannien?

CALLUM: Schlecht, ganz schlecht. An jedem Stück freien Land steht ein Schild »Campen verboten«, besonders hier unten in Cornwall. Trotzdem, wenn du dich davon nicht einschüchtern lässt und es einfach machst, kommst du in den meisten Fällen damit durch. Das Schlimmste, was dir passieren kann, ist, dass der Grundstücksbesitzer morgens an deine Tür klopft. Das ist öfter vorgekommen, als wir noch jünger und in Devon beim Surfen waren. Wir hatten so einen Platz, jeden Morgen stand der Bauer vor der Tür, den haben wir dann als unseren Wecker genommen.

Wir Menschen sind von Natur aus Reisende.

FOSTER: Aber ihr lebt jetzt in einer Wohnung? Nicht mehr in einem Bus?

CALLUM: Wir sind im März aufgebrochen und wollten auf unbestimmte Zeit im Bus leben. Wir waren drei Monate weg, aber da merkten wir, dass es sehr viel einfacher ist, wenn man einen festen Standort hat. Es kann funktionieren, langfristig aber wahrscheinlich eher nicht. Mehr noch, es nimmt dir diesen besonderen Reiz. Der Bus ist doch immer eine Möglichkeit, auszubrechen. Wenn man da seine Arbeit mitnimmt, passt es nicht mehr zusammen. Es fühlt sich einfach nicht richtig an.

FOSTER: Zu den besten Aspekten des Lebens im Bus gehören die Menschen und die Community, auf die man trifft. Hast du faszinierende Leute kennengelernt?

CALLUM: Klar. Einige unserer besten Freunde. Europa ist richtig cool. In Nordspanien haben wir ein paar Deutsche kennengelernt, mit denen sind wir rumgezogen, als wir durch deren Land gefahren sind. Wir hatten eine echt gute Zeit.

FOSTER: Was ist dir wichtiger, das »Zuhause« oder das »Unterwegssein«?

CALLUM: Mit einem Bus oder jedem x-beliebigen Fahrzeug, in dem du Zeit verbringen willst, kannst du potenziell beides haben – du musst dich nicht entscheiden. Du hast einen Ort, den du dein Zuhause nennen kannst, und du hast die Möglichkeit, dieses Zuhause überall hinzubringen. Diesen Zauber finden wir vielleicht alle, egal, ob man für kurze Zeit in einem Campingbus unterwegs ist oder sein ganzes Leben in einem Wohnmobil verbringt.

Wir Menschen sind von Natur aus Reisende. Unsere Vorfahren waren Nomaden. Sie sind auf der Suche nach Nahrung und einem sicheren Unterschlupf durchs Land gestreift. Wenn wir uns für ein Fahrzeug als Zuhause entscheiden, wird dieser urtümliche Teil von uns geweckt. Das fühlt man jedes Mal, wenn man an einem fremden Ort aufwacht. Das gehört zu uns, und das Unglaubliche ist doch, dass das immer mehr Menschen herausfinden.

Hossegor, Frankreich

KAPITEL 3
SPRINTER

Vorhergehende Seite:
Mercedes-Benz Sprinter
L2H2, Bj. 2008,
Verdonschlucht, Frankreich
Foto: Jens Hruschka

Oben und unten: British
Columbia, Kanada

Mobil und flexibel: Cyrus Bay Suttons umgebauter Mercedes-Benz Sprinter ist Ruhe-zone und Arbeits-platz abseits der eingefahrenen Wege.

Cyrus ist unermüdlich. Als Filmemacher, Cutter, Autor und Erfinder nimmt er nie den Fuß vom Gas. Immer geht es ihm darum, sein kreatives Potenzial abzurufen – das Leben im Bus ist für ihn daher Mittel zum Zweck. Deshalb kann er auch immer mit erfrischend neuen Perspektiven aufwarten und vermeidet es, das Leben im Bus zu romantisieren. Er konzentriert sich eher auf die Realitäten, die Ad-hoc-Lösungen, das hart erworbene Wissen, das man nur bekommt, wenn man gut zehn Jahre in einem Van verbracht hat. Ich mag Cyrus, weil er mit beiden Beinen fest auf der Erde steht. Sein Sprinter ist nicht dazu da, um der Welt zu entfliehen – er ist Teil seiner Lösung, ein mobiler Arbeitsplatz, ein Raum der Ruhe, in dem man zu sich selbst finden kann, ein Zeichen der persönlichen und finanziellen Unabhängigkeit. Unsere Wege scheinen sich immer wieder zu kreuzen, und ich schätze mich glücklich, dass er mich so großzügig an seinem reichhaltigen Erfahrungsschatz teilhaben lässt.

FOSTER: Was war dein erster Van?

CYRUS: 2005 bin ich zum ersten Mal in einen Van gezogen, den Lieferwagen eines Elektrikers. Der hatte keine Fenster, nur Regalreihen. Ich kaufte ihn einem Typen ab, der ihn nur etwas aufgemöbelt und ihm eine bessere Aufhängung und Off-Road-Reifen spendiert hatte, damit er als Support-Fahrzeug für das Baja 1000 Off-Road Race eingesetzt werden konnte. Ich war zweiundzwanzig, als ich eingezogen bin.

FOSTER: Damals warst du aber noch nicht die ganze Zeit unterwegs. Du hast in Südkalifornien gearbeitet, und der Bus war mehr eine Alternative zu einer Wohnung, weniger ein Fahrzeug, um die Welt zu erkunden.

CYRUS: Das war er eigentlich immer. Die Leute meinen, ich lebe in diesen wunderbaren Nationalparks und erlebe alle möglichen Abenteuer. Der Van ist wirklich nur Mittel zum Zweck. Ich drehe wahnsinnig gern Filme, und ich schreibe wahnsinnig gern. Der Bus bietet mir den Raum dazu. Inspiration hole ich mir, indem ich den Ort wechsle. Manche Projekte dauern ziemlich lange, und wenn ich zu viel Zeit vorm Computer verbringe, stellt sich oft das Gefühl ein, dass ich nicht weiterkomme. Wenn ich gegen diese Wand laufe, tut es gut, wenn man abends woandershin fahren, die Tür aufmachen und den restlichen Tag im Freien verbringen kann.

Ich muss gar nicht mitten in der Wildnis sein – mir genügen schon die Berge oder die Wüste hinter L.A. Ich fahre an Stellen, die nicht so überlaufen sind, die in den Reiseführern nicht erwähnt werden. Vergessene Flecken, an denen ich einfach ich selbst sein kann. Ich kann in den nächsten Lebensmittelladen gehen. Ich kann ins Internet gehen und einfach nur arbeiten.

Das sind vergessene Flecken, an denen ich einfach ich selbst sein kann.

FOSTER: Du arbeitest also, und du reist. Ich weiß, du fährst gern raus in die Wüste, um auf deinem Laptop zu schneiden. Ich stelle mir vor, für dich ist das die Chance, den Schalter umzulegen und dich wieder zu berappeln, wenn du mit langwierigen Projekten beschäftigt bist.

CYRUS: Ja, Filmschnitt ist eine ziemlich monotone Tätigkeit. Ich war lange in Baja, bevor ich meinen Van hatte. Ich war da unten, um zu arbeiten, jedenfalls bis zu einem gewissen Grad.

High Desert, Kalifornien, USA

Damals war ich mit dem Schnitt eines riesigen Projekts beschäftigt – eines Surffilms über Australien, *Under the Sun* lautete der Titel. Ich drehte ihn auf 16 mm und hatte mir selbst beigebracht, wie man mit After Effects und Photoshop Animationen einbaut und rotoskopiert. Eine unglaublich mühselige Arbeit, an sieben Sekunden Film arbeitet man eine ganze Woche hin. Und ich hatte einen Film von einer Stunde Länge vor mir und legte das ganze Zeugs darüber.

Im Orange County, in Costa Mesa, wohnte ich die ersten drei Jahre in einem Van und übernachtete auf dem Parkplatz der Plattenfirma, die den Film in Auftrag gegeben hatte. Jeden Morgen war ich beim Surfen, das war toll, so nah am Strand und gleichzeitig so nah bei der Arbeit. Duschen, Rasieren, aufs Klo gehen, das alles konnte ich bei 24 Hour Fitness. Alles war ganz einfach. Ich musste keine Kaution zahlen. Keine Miete. Ich gab nur Geld für Lebensmittel und fürs Benzin aus. Dadurch konnte ich sparen und meine Arbeit erledigen.

FOSTER: Du konntest sparen und ein Haus kaufen und damit dem Mietteufelskreis entkommen?

CYRUS: Ja, dadurch konnte ich das machen, was ich jetzt mache: ein Haus kaufen, Land besitzen und Bäume pflanzen. Jetzt lebe ich in deinem Teil der Welt [der Columbia River Gorge an der Pazifikküste im Nordwesten], genau dort, wo ich auf meinen Reisen auch meinen Bus abstellen würde. Ich suche mir immer Plätze, die zwanzig, fünfundzwanzig Minuten von der nächsten Stadt entfernt sind, aus der kann man sich seine Vorräte holen, aber ansonsten hat man seine Ruhe und die Stille der Natur. Der Bus erlaubt mir, draußen zu leben und kurz zu einem Meeting oder zum Arbeiten in die Stadt zu fahren. Ich kann in der Stadt sogar die Nacht verbringen, ich kann mich auf ein Nickerchen hinlegen, wenn ich müde bin. Südkalifornien hat mich nicht so geschlaucht, weil ich mich hinten einfach in meinem Kokon verkriechen konnte.

FOSTER: Erzähl, wie sich dein Bus entwickelt hat. Du hast mal erwähnt – und das fand ich ganz interessant –, dass du dir selbst immer wieder Anreize setzt durch kleinere Verbesserungen, die überschaubar und damit durchführbar bleiben.

High Desert, Kalifornien, USA

CYRUS: Ja. Aber das habe ich erst in der Rückschau erkannt. Ich hatte das ja nie so vor. Ich finde es wirklich großartig, wie karg mein Van ursprünglich eingerichtet war. Ich glaube fest daran, dass »Komfort« ein relativer Begriff ist. Für mich ist das Leben in einem Bus nicht komfortabel, jedenfalls nicht so komfortabel wie in einem Haus. Was ich an Komfort einbüße, gewinne ich an Freiheit und Flexibilität. Heutzutage sind wir doch alle völlig gespalten, wir leben in Behausungen, die richtig groß sind und die uns alle Bequemlichkeiten bieten, aber wenn wir uns dann in die Welt aufmachen, kommen wir uns ausgeliefert vor.

Lebt und arbeitet man aber in einem Van, reist man herum und ist kreativ und sitzt nicht einfach nur jeden Tag am selben Arbeitsplatz, dann ist man Unternehmer oder Freiberufler, dann schlägt man ständig andere Wege ein und arbeitet an anderen Orten, und ein Bus ist einfach ein Teil dieses Lebensstils. Man hat das, was man Komfort nennen könnte, ständig bei sich, man muss dazu nicht erst in sein Haus oder seine Wohnung zurückkehren und sich durch den Verkehr schlängeln. Mit einem Bus kann man das alles vermeiden. An den Wochenenden fahre ich nicht hinaus in die Natur, ich mache das genaue Gegenteil von dem, was die anderen machen. Mit einem Bus entkommt man leichter den typischen Verhaltensmustern.

FOSTER: Also, wie ist dein Bus so geworden, wie er jetzt ist?

CYRUS: Mein Bus war anfangs wirklich übel eingerichtet. Die Regale hatten keine anderen Funktion als Platz wegzunehmen, die darin verstauten Sachen waren schlecht gesichert und fielen ständig raus. Ich hatte ein Holzbrett mit Plastikbehältern voller Zeugs, die durch Gummibänder gehalten – oder eben nicht gehalten – wurden. Und dann gab es noch eine feste

Malibu, Kalifornien, USA; *gegenüber:* Encinitas, Kalifornien, USA

RAYNOR

Holzunterlage, die war mein Bett, und das war es dann. Keine Küche. Nichts. Alles war unbequem. Ständig stolperte ich über irgendwas, und ständig klapperte irgendwas. Ich räumte auf und putzte, und wenn ich nach der Fahrt wieder nach hinten kam, herrschte dort wieder das gleiche Chaos wie vorher.

Also machte ich mich daran, das zu ändern. Ich wurde ordentlicher, war aber nicht bereit, meine Freiheit aufzugeben und irgendwo einzuziehen. Es musste einfach funktionieren. Der große Schritt bestand darin, dass ich mich mit Glen Horn, der in den letzten dreißig Jahren in einem alten Milch-Lieferwagen gelebt hat, an den Innenausbau machte. Er hat mir wirklich sehr geholfen. Im Küchenbereich und da, wo ich schlief, wurde Stauraum eingezogen, damit man aufräumen konnte, und es stimmt schon, wenn man sagt, »aus den Augen, aus dem Sinn«. Das Chaos belastet einen dann nicht mehr. Ich habe lange in Japan gelebt. Mein Vater war dort als Austauschlehrer tätig, und ich fliege immer noch jedes Jahr hin. Ich fand es immer inspirierend, wie man dort mit Raum umgeht. In Japan haben sie bloß ein Zehntel des Platzes, den wir hier haben, trotzdem fühlt sich nichts klein und eng an, weil alles mehrere Funktionen hat – das Bett lässt sich aufrollen, es gibt keine festen Innenwände, nur Schiebetüren. Alles ist viel effizienter und gibt einem ein Gefühl von Ruhe.

FOSTER: Kannst du dir vorstellen, mal keinen Bus zu haben? Ich meine, kannst du dir vorstellen, dass du mal keinen Fluchthelfer, dass du nicht die Möglichkeit hast, einfach abzuhauen?

CYRUS: Nein. Mit dem Bus loszufahren ist für mich der Reset-Knopf, an den ich mich gewöhnt habe. Die ruhigen Tage, wenn ich unterwegs bin, haben mir so viel gegeben, daher weiß ich, dass ich immer so einen Fluchthelfer in der Einfahrt stehen habe – egal, in welche Richtung sich mein Leben noch entwickelt.

High Desert, Kalifornien, USA

Gegenüber:
Renault Master, langer Radstand (Walter), Bj. 2005,
Mazarron, Spanien
Foto: Freddy Thomas und Gabriela Jones

Sprinter
Bildarchiv

Renault Master, langer Radstand (Walter), Bj. 2005
Oben: Alentejo, Portugal
Gegenüber: Bretagne, Frankreich
Fotos: Freddy Thomas und Gabriela Jones

dCi 100

Peugeot Boxer (Betsy), Bj. 2011
Oben: Nordspanien
Gegenüber: Biarritz, Frankreich
Fotos: Emma Walker

Mercedes-Benz Sprinter L2H2, Bj. 2008
Oben: Ötztal, Österreich
Gegenüber: St. Wolfgang, Österreich
Fotos: Jens Hruschka

Mercedes-Benz Sprinter (The Bunkhouse Road-Tripper),
Herefordshire, England
Fotos: Bill Goddard

Dodge Sprinter 2500, Bj. 2005
Oben: Punta Colonet, Mexiko
Links: Mammoth Lakes, Kalifornien, USA
Gegenüber: Bahia de los Angeles, Mexiko
Fotos: Tommy Erst

Dodge Sprinter 2500, Bj. 2003
Oben: Banff National Park, Alberta, Kanada
Gegenüber oben und unten: Pacific City, Oregon, USA
Fotos: Jace Carmichael

Mercedes-Benz Sprinter 313 CDI (Lagopna), Bj. 2005,
Sunshine Coast, Queensland, Australien
Foto: Beau van der Werf

Junior's

RAM ProMaster, Bj. 2016
Oben: Glacier National Park, Montana, USA
Gegenüber: Jackson, Wyoming, USA
Fotos: Thomas Woodson

Renault Trafic L2H2 1.9 dCi, Bj. 2003
Oben: Naturpark Las Ubiñas, Spanien
Gegenüber oben und unten: Strand von Verdicio, Spanien
Fotos: Sergio Garcia Rodriguez

Toyota Hiace, Hochdach, (Hilda), Bj. 2002
Oben: Puponga, Neuseeland
Gegenüber oben: Mount Cook, Neuseeland
Gegenüber unten: Waitaki, Neuseeland
Fotos: Amy Nicholson

Dodge Sprinter (Sonders), Bj. 2004
Oben: Asheville, North Carolina, USA
Gegenüber oben: Cocoa Beach, Florida, USA
Gegenüber unten: St. Augustine, Florida, USA
Fotos: Taylor Bucher und Peter Thuli

Ford Transit (Rusty), Bj. 2008
Oben: Mount Ruapehu, Tongariro National Park, Neuseeland
Rechts: Piha, Auckland, Neuseeland
Gegenüber oben: Havelock North, Hawkes Bay, Neuseeland
Gegenüber unten: Waimarama Beach, Hawkes Bay, Neuseeland
Fotos: Jonathan Edward Johnston

KAPITEL 4

AMERIKANISCHE VANS

Vorhergehende Seite:
GMC G2500 Vandura 5.0L V8 (Van), Bj. 1985, Cape Perpetua, Oregon, USA
Foto: Michael CB Stevens

Im Uhrzeigersinn von links: Owens River Valley, Kalifornien, USA; Alabama Hills, Kalifornien, USA; Santa Barbara, Kalifornien, USA

Auf der Suche nach dem Unbekannten: College-Student Sean Collier entdeckt, dass sein GMC Vandura ihm eine kreative Zukunft eröffnen kann.

Oft wundere ich mich, warum ich so lange gebraucht habe, bis ich mir einen Bus angeschafft habe. Warum war mein erstes Auto in der Highschool kein Bus? Warum habe ich nicht meine Ersparnisse zusammengekratzt und mir auf dem College einen gekauft? Das hätte auf jeden Fall den Lauf meines Lebens verändert und zu fantastischen Erlebnissen und Reisen geführt. Man tut gut daran, sich zu vergegenwärtigen, dass der erste Bus kein seltener VW oder ein toll eingerichteter Camper sein muss. Dein Bus ist das, was du aus ihm machst, und er kann alles sein – ein Pickup mit Aufbau, ein Minivan oder einfach nur ein stinknormaler Van amerikanischer Bauart. Damit kurvt der Surfer, Fotograf und Traveler Sean Collier durch die Gegend. Er ist College-Student in Santa Barbara, Kalifornien, und wir unterhielten uns über seinen Bus.

FOSTER: Was hast du für einen Van? Warum hast du ihn dir angeschafft und wie hast du ihn gefunden?

SEAN: Ich hab einen GMC Vandura, Baujahr 1995, einen aus der Explorer Edition. Jahrelang hab ich Fotos von irgendwelchen tollen VWs gesehen, also wollte ich auch einen. Nächtelang habe ich mich auf Craigslist herumgetrieben und auf TheSamba.com [einer Verkaufsplattform für VW] und nach einem Bus gesucht, den ich mir als Highschool-Kid leisten konnte. Aber an diesen Bus hier kam ich dann anders. Meine Mom arbeitet als Versicherungsmaklerin für die AAA, und eines Tages kam ein älterer Typ zu ihr reinmarschiert, um sich seine Fahrzeuge versichern zu lassen. Er erwähnte, dass er einen alten Van loswerden möchte, den er nicht mehr fährt, und meine Mom meinte, ich hätte eventuell Interesse. Am nächsten Tag brach ich mit einem Barscheck im Handschuhfach von Santa Barbara nach L.A. auf. Es war Liebe auf den ersten Blick, und ich schnappte mir das Gefährt, es hatte nur wenige Kilometer drauf und war spottbillig. Mit solchen Bussen kutschierten in den Neunzigern Großfamilien durchs Land. Er war voll ausgestattet mit Fernseher und einer Nintendo 64. Da ich unterwegs kaum zum Spielen komme, habe ich das alles ausgebaut und durch Staufächer ersetzt.

FOSTER: Wie sieht der Innenraum aus? Hast du selbst umgebaut?

SEAN: Der Bus ist innen riesig und eignet sich hervorragend für die verrücktesten Sachen. Aber weil der Wagen in einem so tollen Zustand war und ein Klappbett hat, habe ich nicht viel Geld oder Zeit in den Umbau gesteckt, abgesehen von der Küche, speziellen Dachträgern für meine Surfboards und viel Platz für Gäste. Ich war mal mit Freunden auf einem Surftrip, und weil es draußen so kalt war, schliefen wir alle vier im Bus, dazu kamen noch sechs Surfbretter. Ich schlafe und koche im Van, manchmal gebe ich sogar Filmabende für Freunde. Mit der Zeit überlegt man sich natürlich, was man anders machen könnte, damit es noch gemütlicher wird. Vielleicht fang ich im Sommer mal damit an.

Alabama Hills, Kalifornien, USA

Oben: Ventura, Kalifornien, USA; *unten:* Owens River Valley, Kalifornien, USA

FOSTER: Campst du manchmal »wild«? Und wie ist das dann?

SEAN: Der Van eignet sich hervorragend dafür, sich einfach irgendwohin zu stellen, was mir ziemlich häufig passiert. Er hat dichte Vorhänge, die ich zuziehe, wenn ich in einem Wohnviertel oder auf Parkplätzen am Strand stehe. Da der Wagen ziemlich normal aussieht und kein Aufstelldach hat, eignet er sich hervorragend für wildes Campen. Ich bin nur einmal von einem Polizisten angesprochen worden, aber er hat mir nur gesagt, ich soll mir einen anderen Platz suchen.

FOSTER: Wie war der erste Trip? Und wie lief der Wagen?

SEAN: Als ich den Wagen hatte, war ich so aufgekratzt, dass ich es bloß an den Strand geschafft und dort übernachtet habe. Die erste richtige Fahrt ging dann mit ein paar Freunden nach Big Sur zum Surfen, und dort verliebte ich mich so richtig in das Fahrzeug. Ich fahre auch gern mal offroad. Die Karre kommt ziemlich gut mit unbefestigten Straßen zurecht. Wir waren schon in den Bergen des Los Padres National Forest in der Nähe von Santa Barbara und in meinen Lieblingsbergen, die östliche Sierra Nevada.

Ich verliebte mich ganz schnell in meinen Van.

FOSTER: Ist der Bus zuverlässig? Irgendwelche gravierenden Pannen bislang?

SEAN: In den drei Jahren, in denen ich ihn jetzt habe, gab es zum Glück keine großen Pannen. Ich bin ständig am Werkeln, der Wagen ist ja nicht mehr der jüngste. Aber bislang musste ich nicht viel für Werkstattbesuche ausgeben. Noch konnte ich alles selber machen, wobei mir ein guter Freund hilft.

FOSTER: Würdest du irgendwas am Wagen ändern wollen?

SEAN: Was ich – und vermutlich jeder Busbesitzer – ändern würde, ist der Benzinverbrauch. Das Ding säuft ziemlich viel, manchmal muss ich aus finanziellen Gründen Reisepläne ändern. Aber das gehört zum Leben in einem Bus.

FOSTER: Wie sieht deine Zukunft mit dem Bus aus?

SEAN: Leider muss ich noch das College in Santa Barbara abschließen, zum Reisen und Fotografieren bleibt mir also nur meine Freizeit. Nächsten Mai mache ich meinen Abschluss, dann habe ich vor, mir eine Auszeit zu nehmen und mit dem Bus die Staaten zu bereisen (erzähl das aber bloß nicht meiner Mom). Ich bin noch nicht bereit für einen Vollzeitjob. Es gibt da draußen noch viel zu viel zu sehen.

FOSTER: Was ist deine beste Erinnerung oder Begebenheit, seitdem du den Van hast?

SEAN: Am meisten schätze ich an einem Van, dass er einem die Möglichkeit verschafft, neue Leute kennenzulernen. Ich hab unterwegs Leute getroffen, die sich für das gleiche Leben entschieden haben, Fremde, die ich jetzt zu meinen engsten Freunden zähle. Es bildet sich definitiv eine Community um diese ganze Van-Life-Kultur, ein wilder Haufen, der im Freien sein will und klasse Sachen abzieht. Und das geht nur, wenn wir in unseren Vans herumgondeln und in ihnen leben.

Big Sur, Kalifornien, USA

Gegenüber: Dodge A108 (Irwin), Bj. 1969,
Ocean Park, Washington, USA
Foto: Mary und Joel Schroeder

Amerikanische Vans

Bildarchiv

Bedford CF (Bev), Bj. 1974,
St. Andrews, Canterbury, Neuseeland
Fotos: Capucine Couty

ABC

COMMON BREEDS OF CHICKENS AND ROOSTERS
NSILS
Rose Tea

Dodge Tradesman 200 (Free Monkey), Bj. 1976,
Dinosaur Provincial Park, Alberta, Kanada
Foto: Tiphaine Euvrard

Dodge Tradesman 200 (Free Monkey), Bj. 1976,
Québec, Kanada
Foto: Tiphaine Euvrard

Jeep

Dodge Tradesman 200 (Free Monkey), Bj. 1976,
Québec, Kanada
Fotos: Tiphaine Euvrard

TEXAS
HNF·1835

Ford E-150, Bj. 1994,
Malibu, Kalifornien, USA
Foto: Brian Peck

Gegenüber:
Ford Econoline (The Struggle Bus), Bj. 1996,
Arches National Park, Utah, USA
Foto: Grant Koontz

Ford Sportsmobile (Tatanka the White Buffalo), Bj. 1995
Oben: Zion National Park, Utah, USA
Gegenüber oben: Capitol Reef National Park, Utah, USA
Gegenüber unten: Pacific Coast Highway, Kalifornien, USA
Fotos: Jane Salee und Casey Siers

cheers

GMC G2500 Vandura 5.0L V8
(Van), Bj. 1985,
Pazifikküste, Oregon, USA
Foto: Michael CB Stevens

Chevrolet Astro (Freedom Van), Bj. 2002,
Garberville, Kalifornien, USA
Foto: Rachel Leah Burt

Ford E-350 (Pork Chop), Bj. 2002
Gegenüber oben: San Simeon, Kalifornien, USA
Gegenüber unten: Yosemite National Park, Kalifornien, USA
Fotos: Ross Nicol

KAPITEL 5

JAPANISCHE BUSSE

Hardscrabble Pass, Colorado, USA

Vorhergehende Seite: Toyota Van (Right Lane Rhino), Bj. 1987, Evergreen, Colorado, USA; Foto: Marianne Brown

Das Geschenk, das immer noch beschenkt: Kathleen und Gregs Toyota mit Allradantrieb ist unverwüstlich.

Sollte ich einen Bus für, sagen wir, fünf- bis siebentausend Dollar kaufen, würde ich als Erstes nach einem Toyota Van aus den Achtzigern suchen. Die sind zuverlässig, kompakt, sparsam und können mit richtigem Allradantrieb ausgestattet sein. Wie die VW-Transporter nutzen sie ihren Radstand voll aus, da die Fahrerkabine direkt über der Vorderachse liegt. Das vergrößert den nutzbaren Innenraum und verschafft dem Fahrer eine tolle Sicht auf die Straße. Kathleen, Greg und ihre beiden Hunde Blaize und Peaches reisen und leben in einem dieser Toyota Vans und sind im Moment im letzten Stadium des Innenausbaus, um sich auf ein kommendes Abenteuer vorzubereiten.

FOSTER: Welchen Camper habt ihr?

KATHLEEN: Wir haben einen Toyota Van, Baujahr 1987. In Japan ist er unter der Bezeichnung Space Cruiser bekannt, in Amerika wird er einfach nur Van oder Van Wagon genannt (und in Europa TownAce oder Modell F).

FOSTER: Warum habt ihr euch für einen Toyota Van entschieden?

KATHLEEN: Wir wollten einen Allrad und liebäugelten mit einem Tacoma mit Wohnkabine. Den Tacoma halten wir nach wie vor für ein großartiges Fahrzeug, aber als wir den Van sahen, wussten wir, den müssen wir haben. Der Preis war auch in Ordnung. Er hat Allrad-Antrieb und Fenster wie in einem Flugzeug, das verleiht ihm eine gewisse Persönlichkeit, der man nur schwer widerstehen kann.

FOSTER: Wie schlägt er sich gegenüber euren früheren Fahrzeugen?

KATHLEEN: Greg hat in Neuseeland in zwei unterschiedlichen Toyota Vans gelebt und wusste um ihre Zuverlässigkeit. Ihm war aber auch klar, dass sie untermotorisiert sind und zum Überhitzen neigen. Aber er hat die nötige Geduld, um mit ihm sanft und schonend umzugehen.

Der Van erinnert uns an unseren Jetta GLX, Baujahr 1997 beides sind Wagen, zu denen man eine Beziehung entwickelt. Es gibt so vieles, was man mit ihnen erlebt hat. Und wenn man eine Beziehung zu seinem Wagen hat, achtet man auf ihn, und er gewinnt eine Art Eigenleben.

FOSTER: Wie habt ihr ihn gefunden? Diese Vans sind in Nordamerika selten und heiß begehrt.

KATHLEEN: Der Van hat eigentlich uns gefunden. Wir haben über ein Jahr lang in einem Trailer auf dem Grundstück einer Familie gewohnt, und zum Abschied haben sie uns ihren Van geschenkt. Eigentlich war er für den Schrottplatz bestimmt, es gab nicht viele, die ihn wieder herrichten

Arapaho National Forest, Colorado, USA

DRIVE & POLLUTE

und ihm ein zweites Leben einhauchen wollten. Wir konnten ihn umsonst haben, unter der Bedingung, dass wir ihn weiterhin am Laufen halten. Schließlich kauften wir ein eigenes Stück Land, stellten da den Trailer auf und nahmen den Van mit.

FOSTER: Wie habt ihr ihn ausgebaut?

KATHLEEN: Wir haben ihn so hergerichtet, dass wir ihn zu allen Jahreszeiten als Zuhause auf Rädern nutzen können. Wir haben alles isoliert, eine Wärmedämmfolie eingezogen und dazu eine fünf Zentimeter dicke Styroporschicht und darüber eine zweite Dämmfolie – das alles wurde unter eine Holzverkleidung gelegt. Damit haben wir also eine Schachtel innerhalb einer Schachtel geschaffen, aber das heißt auch, dass wir drei separate Türen einbauen mussten: eine Tür zwischen Fahrerkabine und Schlafbereich, eine Tür hinter der Schiebetür und eine hinter der Heckklappe. Dazu kam ein 80-Watt-Solarmodul oben auf einer 600-Liter-Thule-Dachbox. Wir montierten größere, schmalere Reifen, die den Van noch etwas aufbocken, die auch weniger Benzin fressen und besser für den Schnee sind.

Wir haben immer unsere beiden Hunde dabei, Blaize und Peaches.

FOSTER: Wie habt ihr den Schlafbereich umgebaut? Wie viele Leute können mitfahren? Und ihr habt auch tierische Freunde mit dabei?

KATHLEEN: Als wir den Van bekommen haben, hatte er zwei Sitzflächen, die man zu einem Bett umklappen konnte. Damit konnten wir losfahren und hinten schlafen, aber das war nicht sehr bequem. Also rissen wir die Bänke raus und bauten unsere eigene Schlafgelegenheit.

Die ist so konzipiert, dass wir, wenn nötig, unseren mittleren Sitz reinschieben können. So haben vier Leute einen Sitz mit Sicherheitsgurt. Daneben haben wir eine Faltmatratze, die als Bank dient. Zum Schlafen ziehen wir sie aus, dann nimmt sie den gesamten hinteren Bereich ein.

Wir haben immer unsere beiden Hunde dabei, Blaize und Peaches. Hinter den Vordersitzen haben wir einen Platz für die beiden geschaffen, da können sie schlafen und während der Fahrt in unserer Nähe sein und alles mitbekommen.

Grant, Colorado, USA

FOSTER: Wie kommt der Wagen mit Schotterpisten zurecht?

KATHLEEN: Der Van macht sich hervorragend auf leichtem bis mittlerem Allrad-Terrain. Er kommt nicht überall hin, aber fast überall. Wir sind einige Mal ganz unerwartet auf unbefestigte Wege gestoßen und waren angenehm überrascht von seiner Geländegängigkeit.

FOSTER: Was war euer denkwürdigster Trip?

KATHLEEN: Gregs Lieblingstrip ist eine Fahrt durch den Nationalpark im Gebiet der Lost Creek Wilderness in Colorado an einem wunderbaren Herbstnachmittag. Die Strecke war nicht sehr schwierig, aber immerhin so anspruchsvoll, dass dort nicht mehr viele unterwegs waren. Wir fuhren über einen schmalen Weg zum Anfangspunkt eines Fußpfads, stellten den Wagen dort aber, wanderten los und kamen am nächsten Morgen zurück.

Meine denkwürdigste Tour war eine Fahrt im Arapaho National Forest in Colorado mit Freunden. Wir folgten unserem Freund, der mit seinen beiden Kindern in einem Ford F-150 unterwegs war. Irgendwann kamen wir an eine Stelle, wo es zu schwierig wurde, und sein Pickup kam ins Rutschen. Er konnte gerade noch den Hang hinuntersteuern und traf zum Glück unten wieder auf den Weg, den wir hochgekommen waren. Das jagte uns einen ziemlichen Schrecken ein, vor allem, weil seine Kinder bei ihm im Fahrzeug waren und wir nur hilflos mit ansehen konnten, was geschah. Aber durch seine Geistesgegenwart kam er zurück auf den Weg.

FOSTER: Was würdet ihr jemandem empfehlen, der einen kleinen Bus ausbauen möchte? Was würdet ihr an eurem Camper ändern?

KATHLEEN: Wichtig ist, das Fahrzeug so weit zu isolieren, dass man sich darin wirklich wohl fühlt, und Material zu nehmen, das

Arapaho National Forest, Colorado, USA

nicht schimmelt. Der Platz ist begrenzt, aber zu viel Isolierung schadet nie, ob im Winter oder Sommer.

Der Zugang zu unserem Motor liegt unter dem Fahrersitz, das heißt, wir mussten alles so konzipieren, damit sich der Sitz nach hinten schieben lässt und wir noch an den Motor kommen. Der Motor selbst ist zuverlässig, aber zu schwach. Ursprünglich wurde er für einen Gabelstapler entworfen. Wir würden gern den Lufteinlass vergrößern und einen größeren Kühler einbauen. Leider geht das nicht, so zwingt uns der Wagen immer dazu, den Fuß vom Gas zu nehmen und mal eine Pause einzulegen.

FOSTER: Irgendeinen Rat für jemanden, der in einem Van leben möchte?

KATHLEEN: Denkt daran, ihr baut euch einen Van, nicht um in ihm, sondern aus ihm heraus zu leben. Überlegt euch, welche Art von Abenteuer zu eurem Leben passt, und wählt den entsprechenden Wagen. Euer Fahrzeug spielt natürlich eine wichtige Rolle auf euren Reisen, aber die Zeit, die ihr außerhalb verbringt, ist viel wichtiger.

Mit einem kleineren Van kann man leichter in Städten und auf unbefestigten Wegen fahren. Wir haben es oft erlebt, dass diejenigen mit der größten Erfahrung sich wünschen, sie hätten sich für einen kleineren Van entschieden. Vieles ist mit einem kleineren Fahrzeug einfacher. Wir haben nie ein Problem, in der Stadt einen Parkplatz zum Wildcampen zu finden.

Arapaho National Forest, Colorado, USA

Gegenüber:
Toyota Previa
Baja California, Mexiko
Foto: Foster Huntington

Japanische Busse

Bildarchiv

COMPO
4WD

Toyota LiteAce Camping, Bj. 1991
Oben: Asahi-dake, Hokkaido, Japan
Gegenüber: Haboro, Hokkaido, Japan
Fotos: Hayato Doi

Mitsubishi Delica (Gwenn),
Bj. 1990,
Lake Pukaki, Neuseeland
Foto: Lara Edington

Toyota Van (The Dream Journey), Bj. 1984,
Humboldt Redwoods State Park, Kalifornien, USA
Foto: Ian Harris

Toyota Van (Right Lane Rhino), Bj. 1987,
Evergreen, Colorado, USA
Foto: Marianne Brown

Daihatsu Hijet, Bj. 1996
Links: Mülheim an der Ruhr, Deutschland
Oben: Ajo, Spanien
Gegenüber: Fumay, Frankreich
Fotos: Daniel Kalinowski

ANTI
BAD VIBE
SHIELD
MH DC 666

Mitsubishi Delica Space Gear (Ziggy), Bj. 1999,
Stanley, Tasmanien, Australien
Foto: Julia Vasilevskaya

Mitsubishi Delica Space Gear (Ziggy), Bj. 1999,
Emu Bay, Kangaroo Island, Südaustralien
Foto: Julia Vasilevskaya

KAPITEL 6

SCHULBUSSE

Santa Barbara, Kalifornien, USA

Vorhergehende Seite: GMC Bluebird Mini (Sasquatch), Bj. 2000, Big Water, Utah, USA; Foto: David Waugh

Back from the Dead: Ryan Lovelace, Einzelgänger und Surfboardbauer, findet für seinen umgebauten Schulbus an der kalifornischen Küste ein festes Zuhause.

Manchmal blicken die Van-Götter mit einem Lächeln auf dich herab, und eine mysteriöse Craigslist-Anzeige verändert für immer dein Leben. Vor fünf Jahren habe ich in Santa Barbara den Surfboardbauer Ryan Lovelace kennengelernt. Ich war nicht nur von seinen Boards hin und weg, sondern mehr noch von seinem Zuhause, dem »Cosmic Collider« – einem Chevy-Bus von 1948, auf den eine VW-Transporter-Karosserie und ein Schlaf-Loft gesetzt sind. Etwas, was mir auf meinen Reisen noch nie untergekommen ist – ein komplettes, voll funktionsfähiges Zuhause und gleichzeitig fahrbares Kunstwerk. Ryan ist einer der ausgelassensten und fleißigsten Typen, die ich jemals kennengelernt habe, und seine Boards sind weltweit begehrt. Er hat große Ideen und, wichtiger noch, handelt entsprechend. Seine hervorragende Arbeit und seinen allumfassenden Blick auf die Welt sehe ich als Ansporn für mein eigenes Leben.

FOSTER: Wie hast du den »Cosmic Collider« gefunden?

RYAN: Ich war in Australien, hing bei meinem Kumpel auf der Couch ab und sah mir die Gebrauchtwagenrubrik auf Craigslist an. Ich glaube, da stand »umgebauter Schulbus«. Die Bilder waren fürchterlich – es war kaum was zu erkennen –, aber ich dachte mir: »Wenn es das ist, was ich mir denke, dann muss ich den haben.« Ich schrieb eine Mail, kam aber nicht an den Besitzer ran. Dann tauchte der Bus für 5000 Dollar auf eBay auf: »sofort kaufen«. Die Hälfte der Summe lieh ich mir von meinem Freund Mike. Schließlich konnte ich den Verkäufer überreden, ihn mir für 3600 Dollar zu geben, und ich fuhr damit davon.

FOSTER: Modell und Baujahr?

RYAN: Es ist ein Ford-Bus von 1948, darauf ist eine VW-Bus-Karosserie mit geteilter Frontscheibe geschweißt. Der VW ist wahrscheinlich Baujahr 1967.

Er hat mir gesagt, die Geister der Dancing Bears seien im Bus.

FOSTER: Hat der Vorbesitzer irgendwas über die Geschichte des Gefährts erzählt?

RYAN: Er hat mir einiges erzählt, unter anderem, dass der Bus jahrelang den Grateful Dead gefolgt ist. Er hat von mehreren Leuten Mails bekommen, die ihm erzählt haben, sie hätten in ihrer Kindheit den Bus bei diversen Auftritten gesehen. Er selbst hat ihn von einer Frau aus San Luis Obispo, die aus dem Bus eine mobile Marihuanaverkaufsstation machen wollte. Er meinte, er hätte seine Aufgabe darin gesehen, den Bus seinem letzten Besitzer zuzuführen, damit er nicht irgendwo verrostet und bloß noch cool aussieht. Und er hat mir gesagt, die Geister der Dancing Bears seien im Bus.

FOSTER: Im Ernst?

RYAN: Er hat mich gefragt: »Glaubst du an Geister?« Und er hat mir erzählt, dass sieben von denen im Bus leben. Sie helfen dir, verlorene Dinge wiederzufinden, und wenn am Bus was kaputtgeht, reparieren sie es dir. Das jedenfalls ist definitiv nicht der Fall, seitdem ich ihn besitze. Vielleicht haben sie sich davongemacht, seitdem der Bus in meinem Besitz ist. Er hat mir auch einen Kristall gegeben, den ich auf dem Armaturenbrett aufladen und neben die Batterie legen soll, wenn der Wagen läuft. Für den Energiefluss.

STOKED

Vorhergehende Seite und oben: Santa Barbara, Kalifornien, USA

FOSTER: Hattest du nachher noch Kontakt mit ihm?

RYAN: Etwa eine Woche nach dem Kauf des Busses wollte ich ihm ein paar Kristalle schenken, die ich in der Zeit, als ich auf den Bus gestoßen bin, in Australien gekauft habe. Ich hab ihm gesagt: »Hier, ich will, dass du die bekommst. Die hab ich, seitdem ich den Bus zum ersten Mal gesehen habe.« Aber er hat gesagt: »Auf keinen Fall! Ich hab dir doch auch Kristalle geschenkt, die wollte ich eigentlich mitnehmen, aber ich hatte das Gefühl, dass sie zum Bus gehören und da bleiben müssen.« Mit diesem, na ja, Kristall-Handschlag, besiegelten wir den »Verkauf«, und das fühlte sich wichtiger an als die eigentliche Übergabe des Geldes und der *Title Card*.

Es war eine Art Rückzug aus der Gesellschaft.

FOSTER: Hattest du von Anfang an vor, in dem Bus zu leben?

RYAN: Ja, für mich war das eine gute Art, die eine oder andere Verpflichtung loszuwerden. Es war eine Art Rückzug aus der Gesellschaft. Ich wollte keine Miete zahlen. Ich hielt es für einen vernünftigen Schritt, es half mir, meine Surfboard-Sache aufzuziehen. Und ich wusste, dass der Bus eine Ikone war, er war unverwechselbar, was ich zu meinem Vorteil einsetzen konnte.

FOSTER: Wie lang hat der Einzug gedauert?

RYAN: Ich hab ihn ein ganzes Jahr lang nicht angerührt. Vielleicht hab ich ihn mal geputzt, ich hatte damals gleichzeitig noch so viele andere Projekte am Laufen. Außerdem war mir klar, dass das ein Projekt war, das mich ein Leben lang begleiten wird, da wollte ich nichts überstürzen. Im ersten Jahr kümmerte ich mich nur um die Technik, innen rührte ich nichts an, bis erst technisch alles perfekt funktionierte.

FOSTER: War es ein Sakrileg, das VW-Heck abzuschneiden, um das Loft dranzusetzen?

RYAN: Weißt du, wenn du die Flex in die Hand nimmst, weil du einen Plan hast, dann ist das immer so, als würdest du was umbringen. Aber wenn du dich erst mal durch das Dach eines Autos schneidest, hat es auch etwas Befreiendes.

FOSTER: Das ist ein toller Aufbau. Wie hast du ihn zum Wohnen eingerichtet?

RYAN: Ich baute den Boden und die Wände und schraubte alles fest. Das Redwood-Holz dafür ist altes Holz von George Lucas' Anwesen. Die rissen dort ein Gästehaus ab und spendeten das Material Habitat For Humanity. Dort hab ich es dann entdeckt und denen abgekauft. Und der Holzofen, der ist eigentlich viel zu groß ... und damit genau richtig.

FOSTER: Gibt es einen Ort, wo du mit dem Bus unbedingt hin möchtest?

RYAN: Mir geht da seit einer Weile so ein Gedanke durch den Kopf. Ich würde mit dem Bus gern die ganze Westküste hochfahren, eine Art Surftrip, von Südkalifornien über Seattle, Washington (wo ich herkomme), bis nach British Columbia, und dabei Freunde in Oregon und Nordkalifornien besuchen und einfach eine gute Zeit haben. Es kann gut und gern noch zehn Jahre dauern, bis ich das umsetze, aber irgendwann wird es soweit sein, wenn der Bus 1-a dasteht.

Santa Barbara, Kalifornien, USA

Gegenüber:
GMC Bluebird Mini (Sasquatch), Bj. 2000, Big Water, Utah, USA
Foto: David Waugh

Schulbusse

Bildarchiv

White Motor Co. WB28 Bus, Bj. 1948,
Rio Rancho, New Mexico, USA
Fotos: Norm Ruth

HERE NOW

GMC Bluebird Mini (Sasquatch), Bj. 2000
Oben und gegenüber: Big Water, Utah, USA
Fotos: David Waugh

Thomas Transit Bus (Towanda), Bj. 1999,
Sawtooth National Forest, Idaho, USA
Foto: Austin LeMoine

Thomas Transit Bus (Towanda), Bj. 1999,
Sawtooth National Forest, Idaho, USA
Foto: Austin LeMoine

Blue Sky Action
BlueBusAdventure

Thomas Mighty Mite School Bus
Oben: Sierra City, Kalifornien, USA
Gegenüber oben: Bonneville Salt Flats, Utah, USA
Gegenüber unten: Crystal Bay, Nevada, USA
Fotoa: Jessica Perez

Thomas Mighty Mite School Bus
Boulder City, Nevada, USA
Foto: Jessica Perez

GMC Vandura School Bus (Cozy), Bj. 1992,
Boulder City, Nevada, USA
Fotos: Jennifer Lorton

International School Bus (Queen of Peace), Bj. 1982
Oben: San Luis Valley, Colorado, USA
Gegenüber oben und unten: Boulder, Colorado, USA
Fotos: Charles M. Kern

CAPACITY 65 PASSENGERS

International School Bus (Gramps),
Bj. 1989,
Death Valley National Park,
Kalifornien, USA
Foto: Randy P. Martin

Blue Bird School Bus (Tusk), Bj. 1986,
Lillooet British Columbia, Kanada
Fotos: Stephanie Jewel Artuso

EMERGENCY EXIT
SORTIE DE SECOURS

KAPITEL 7

KLEINE CAMPER UND SPEZIAL-ANFERTIGUNGEN

Vorhergehende Seite:
Toyota Sunrader (Roam Rader), Bj. 1985,
Lone Pine, Kalifornien, USA
Foto: Stijn Jensen

Im Uhrzeigersinn von links:
Custer Gallatin National Forest, Montana, USA; Beaverton, Oregon, USA; Warden, Washington, USA

Mobiler Mechaniker: David Browning verbindet seine Liebe zu alten Motorrädern und Cross-Country-Reisen in seinem Toyota Chinook Camper.

Ich werde oft gefragt, welchen Camper ich empfehlen würde, wenn die finanziellen Mittel begrenzt sind. Meistens rate ich dazu, breitgefächert zu suchen, einfach um zu sehen, was der Markt hergibt. Man sollte sich klarmachen, wofür man das Fahrzeug braucht und welche Prioritäten man bei seinen Reisen hat. Es gibt viele weniger bekannte (und oft sehr zuverlässige) Camper, die wesentlich billiger sind als die beliebten Busse. David Browning hat sich in einem dieser Rohdiamanten auf eine Fahrt durch Nordamerika begeben, einem Toyota Chinook, der aufgrund seines intelligenten Grundrisses mehr als genug Platz bietet und auf hundert Kilometer gut zehn Liter braucht – nicht schlecht für ein vierzig Jahre altes Fahrzeug mit Vierzylindermotor.

FOSTER: Um welches Modell handelt es sich bei deinem Chinook, welches Baujahr?

DAVID: Es ist ein Toyota Chinook von 1977 mit »Dinette«-Layout. Er hat zwei Bänke, einen Tisch in der Mitte und Einbauten an den gegenüberliegenden Seiten.

FOSTER: Warum hast du dich für einen Chinook entschieden?

DAVID: New York City ist eine unglaubliche Stadt, sie kann einen aber auch fertigmachen. Also fing ich an, über einen Rückzugsort und einen mobilen Arbeitsplatz nachzudenken. Ziel war es, jedes Jahr in der Stadt für ein paar Monate meine Motorradprojekte verfolgen und die übrige Zeit unterwegs sein und gleichzeitig arbeiten zu können.

Mitte der Neunzigerjahre tourte ich mit meiner Band in einem Ford Econoline durch die Staaten, was eine tiefgreifende Erfahrung für mich war. Deshalb suchte ich anfangs einen ähnlichen Wagen zum Herrichten, dabei stolperte ich über ein Foto von einem Chinook Newport, und damit fing es an.

Ich fing an, über einen Rückzugsort und mobilen Arbeitsplatz nachzudenken.

FOSTER: Wie hast du ihn gefunden?

DAVID: Es gibt von denen nicht viele in gutem Zustand. Jedes Jahr kommen in den Staaten höchstens eine Handvoll auf den Markt. Ich sollte nach Tennessee fahren, um dort einen anderen Chinook anzusehen, aber dann scannte ich nochmal den Nordosten, und es hatte gerade jemand einen in Long Island reingestellt. Am nächsten Morgen um fünf Uhr sprang ich in den Zug, um ihn zu kaufen.

FOSTER: Was hast du alles geändert?

DAVID: Ich wollte so nah wie möglich am Original bleiben. Der ursprüngliche Entwurf ist schlichtweg brillant und außerdem eine hübsche kleine Zeitkapsel aus dieser Ära.

Als Zugeständnis an den modernen Komfort baute ich eine Bluetooth-Anlage für Musik und Navigation ein. LED-Leuchten, um den Stromverbrauch zu minimieren, einen Propan/ CO_2-Sensor zur Sicherheit, getönte Fenster, eine Outdoor-Dusche und eine tragbare Toilette. Dazu habe ich einige Ladegeräte und ein tragbares Solarmodul angeschafft, um mehr Stromreserven zu haben.

Olympic National Forest, Washington, USA

FOSTER: Wie nutzt du den Innenraum?

DAVID: Ich habe Staufächer für meine Fotoausrüstung und meine Werkzeuge zur Lederbearbeitung. Mein 1,50 Meter langes Mini-Simmons-Surfboard passt exakt in den Überkopfbereich. Daneben bringe ich ein Zelt, Schlafmatten und Schlafsäcke, ein Vordach, eine Hängematte, Angelausrüstung, ein aufblasbares Kajak und eine kleine Gitarre unter.

Allein kommt man damit hervorragend zurecht, selbst mit einer Begleitung ist es noch ziemlich bequem (ich bin es allerdings auch gewohnt, in einer 28-Quadratmeter-Wohnung zu leben).

FOSTER: Schon mal wild gecampt?

DAVID: 2016 habe ich an die dreihundert Tage im Chinook verbracht, meistens in Nationalparks oder auf dem Gelände des Bureau of Land Management. Ich bin lieber in der Natur als in der Stadt. Wildcamping spielt bei mir also keine so große Rolle. Aber ich habe mal einen Monat in Los Angeles gestanden, ohne Probleme.

FOSTER: Wohin ging die erste Reise in dem Chinoock?

DAVID: Zum Bear Mountain, New York. Für einen ersten Test, um herauszufinden, was noch alles getan werden musste, bevor man zu einer längeren Fahrt aufbrechen konnte. Am Tag darauf suchte ich mir alle Teile zusammen, die ich brauchte, machte mich über den Motor her und möbelte das Fahrzeug auf. Etwa zwei Wochen später drehte ich eine große Runde von Florida nach Kalifornien und Colorado zur Nordwestküste, bevor ich den Heimweg antrat.

FOSTER: Was würdest du am Chinook ändern?

DAVID: Von allen Fahrzeugen, die ich wiederhergerichtet habe, gehört der Chinook zu den besten Plattformen, die mir untergekommen sind. Nur das Fiberglasdach und der Holzboden könnten verstärkt werden, sonst sacken sie im Lauf der Jahre durch. Auch die Isolierung könnte man verbessern. Ich hab schon bei minus 7 Grad

Oregon, USA

CHINOOK

Celsius darin übernachtet, aber dann lief die Heizung auf vollen Touren, und ich verkroch mich mit mehreren Schichten Kleidung unter mehreren Decken.

Die Kraftstoffpumpe liegt im Tank, sie ist also nur schwer zugänglich, wenn man sie mal ersetzen müsste, aber das ist eher eine Toyota-Sache und weniger ein Chinook-Fehler. Außerdem hätte ich gern eine größere Tragfähigkeit, um einen Motorradträger anbringen und unterwegs auch ein Motorrad nutzen zu können.

FOSTER: Hattest du bislang irgendwelche technischen Probleme?

DAVID: Wie alle Fahrzeuge, die bald vierzig Jahre auf dem Buckel haben, ist eine Menge Wartung nötig. Ich habe den Zylinderkopf überholt, die Bremsen ersetzt, neue Stoßdämpfer eingebaut und den größten Teil des Antriebsstrangs ausgewechselt. Ich versuche, das so vorausschauend wie möglich zu machen, und habe natürlich immer einen Werkzeugkasten und die üblichen Ersatzteile dabei.

In der Wüste in Arizona ist mir mal die Wasserpumpe ausgefallen. Ein paar Wochen später in Malibu hatte ich einen defekten Kupplungsnehmerzylinder. Danach, in Oregon, gab auch der Kupplungsgeberzylinder seinen Geist auf. Dann fing der Verteiler an zu spinnen. Die Fehlersuche war ziemlich knifflig, und es dauerte bis Kentucky, bis ich endlich begriff, woran es haperte. Aber die meisten Probleme waren relativ leicht zu lösen. Wer mit einem Chinook

Beavertown, Oregon, USA

Gegenüber: Bridger-Teton National Forest, Wyoming, USA

CHINOOK

auf Reisen gehen will, dem kann ich nur empfehlen, dass er sich grundlegende technische Fertigkeiten aneignet und das Wartungshandbuch von Toyota griffbereit hat. Ansonsten ist der Chinook aber ein großartiges und zuverlässiges Fahrzeug.

FOSTER: Wie kommst du mit der Höhe zurecht?

DAVID: Der Chinook stellt für mich mit meinen eins achtundachtzig schon eine Herausforderung dar. Ich kann mich drinnen gerade so aufrichten, muss aber schief schlafen, weil das Bett für jemanden meiner Größe etwas zu kurz ist. Beim Durchgang von der Fahrerkabine zum Wohnraum muss ich mich ziemlich verbiegen, aber es ist schön, dass man dazu nicht das Fahrzeug verlassen muss.

FOSTER: Ist der Wagen zuverlässig? Wie findest du den 20R-Motor?

DAVID: 2016 habe ich über 30 000 Kilometer drauf gefahren, und er ist nur eine Handvoll Male liegengeblieben. Die 20R-Maschine hat sich als super zuverlässig und grundsolide erwiesen. Neben der Honda CB 550 SOHC 4 gehört sie zu meinen liebsten Motoren aller Zeiten.

FOSTER: Wie ist der Benzinverbrauch?

DAVID: Anfangs habe ich 14 bis 15 Liter auf 100 Kilometer gebraucht. Nachdem ich die Ventile und den Vergaser eingestellt und dieses und jenes gemacht habe, kam ich auf etwa 12 Liter. Im Moment, nach dem Einbau eines Weber-23/36-Vergasers, bin ich bei 10 bis 12 Liter.

FOSTER: Welchen Rat hast du für jemanden, der sich auf einen Trip über mehr als 35 000 Kilometer machen will?

DAVID: Ich kann nur einen Tipp geben: Versuch dein Fahrzeug so gut wie möglich kennenzulernen. Mach dich mit ihm vertraut, und du solltest grundlegende technische und elektrische Kenntnisse mitbringen. Irgendwas geht immer mal kaputt, und wenn du die nötigen Ersatzteile dabei hast, macht es einfach einen großen Unterschied, ob du die Sache schnell mal am Straßenrand reparierst oder unter großen Kosten abgeschleppt werden musst oder mitten in der Wüste liegenbleibst. Die Zeit, die man braucht, um sich grundlegende Reparaturkenntnisse anzueignen, machen sich unterwegs zehnfach bezahlt. Nimm eine Reparaturanleitung und entsprechendes Werkzeug mit und achte darauf, immer die gängigen Ersatzteile dabei zu haben.

Avion Cabover Camper (The Buggy), Bj. 1967,
Bozeman, Montana, USA
Foto: Blakeney Sanford

Kleine Camper und Spezial-anfertigungen
Bildarchiv

Toyota Hilux Chinook, 4x4, Bj. 1988
Oben: Death Valley National Park, Kalifornien, USA
Gegenüber oben: Juan de Fuca Provincial Park, BC, Kanada
Gegenüber unten: Lake Minnewanka, Banff, Alberta, Kanada
Fotos: Adam Smith

Nissan Odyssey RV (Justo), Bj. 1984,
Castle Valley, Utah, USA
Foto: Isaac Johnston

Nissan Odyssey RV (Justo), Bj. 1984,
Grand Teton National Park, Wyoming, USA
Foto: Isaac Johnston

Leyland FG (Molly), Bj. 1979
Oben und gegenüber: Herefordshire, England
Fotos: Bill Goddard

CYV
47V

VW Caravelle, Bj. 1980,
Utah, USA
Foto: Sarah Bergland

Starcraft Starliner, Bj. 1970,
Irvine, Kalifornien, USA
Foto: John Power

WASHINGTON
AXH0420

Toyota Chinook (Penelope), Bj. 1977
Oben und gegenüber: Vashon Island, Washington, USA
Fotos: Camille Casado und Garrett Hystek

Dodge Sportsman (Sunny), Bj. 1974,
Slab City, Kalifornien, USA
Gegenüber: Big Sur, Kalifornien, USA
Nächste Seite: Mount Tamalpais, Kalifornien, USA
Fotos: Frankie Ratford

FLORIDA

Toyota Chinook Newport, Bj. 1978,
Monument Valley, Utah, USA
Foto: Peter Kappen

Toyota Sunrader (Roam Rader), Bj. 1985,
Bahia Concepción, Mexiko
Foto: Stijn Jensen

Venture, Kalifornien, USA

Die Kunst der Fortbewegung: Jay Nelsons Umbauten verwischen die Grenzen zwischen Kunst, Zuhause und Transportmittel.

Beim Anblick von Jays Campern muss ich immer unweigerlich lächeln. Sie sind so verrückt, unkonventionell und originell. Wenn ich vor meinem geistigen Auge vorüberziehen lasse, was Jay in all den Jahren geschaffen hat – Autos und Boote, Jeeps und Pickups, Innenräume, Raumstrukturen und Installationen –, dann wird mir erst richtig bewusst, wie sehr ich seine Arbeiten schätze. Er gehört sicherlich zu den talentiertesten Künstlern, Malern, Bildhauern und Baumeistern unserer Zeit. Wie er Fahrzeuge und Wohnräume verändert, an andere Zwecke anpasst und neu denkt, ist eine Offenbarung. Ich mag seine Arbeit so sehr, dass ich ihn vor ein paar Jahren beauftragt habe, sich meinen winzigen Suzuki SJ 410 vorzunehmen, und das Ergebnis war unglaublich: ein kleiner, kantiger Vierzylinder-Pickup mit einem runden 1,8-Meter-Aufbau aus Bootsbau-Sperrholz, der mit einer Kupferhülle verkleidet wurde. Ich versuche mit Jay Kontakt zu halten, denn egal, ob wir übers Surfen reden oder sein nächstes Projekt, er zwingt mich immer, meine eigene Arbeit aus einem ganz neuen Blickwinkel wahrzunehmen.

FOSTER: Wie kam der Civic-Camper ursprünglich zustande? Du hast in New York gelebt?

JAY: Nein, das war gleich nach dem College. Ich war zweiundzwanzig und wohnte in einer kleinen Hütte, die im Garten eines Hauses von Hare-Krishna-Leuten stand. Ich zahlte kaum Miete dafür. Die Mom eines Freundes hatte mit ihrem Honda CRX, Baujahr '92, einen Unfall. Der Wagen war völlig verbeult, und sie bot ihn mir für zweihundert Dollar an. Damals hatte ich kein Auto, also kaufte ich ihn. Aber er hatte ein großes Loch, es regnete also rein. Erst probierte ich es mit Plexiglas, aber das funktionierte nicht richtig. Dann kam mir der Gedanke, einfach einen Kasten obendrauf zu setzen – aus dem Schrägheck also einen Quader zu machen –, und dann dachte ich an ein Bett oben auf dem Kasten. Ich baute das alles direkt vor dem Mollusk [einem Surf-Laden in San Francisco], fertiggestellt wurde es schließlich in Luke Bartels' Schreinerei in San Bruno.

Dann, als ich vierundzwanzig war, zog ich nach New York und fuhr den Wagen im Winter. Ich wohnte nicht ständig darin. Ich bin keiner, der die ganze Zeit in einem Camper lebt, aber mir gefällt die Vorstellung, damit eine oder zwei Wochen abhauen zu können. Ich hatte den CRX-Camper mit in New York, und in einem Sommer fuhren wir hoch nach Nova Scotia und von dort durch ganz Kanada nach Montana.

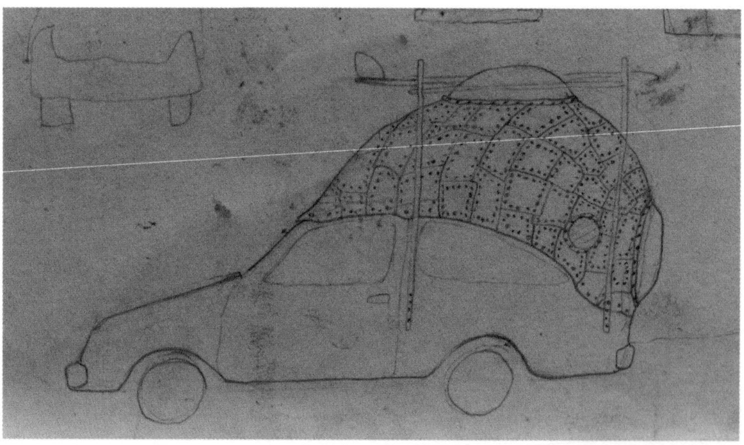

Bar Harbor, Maine, USA

California
5KIS168

FOSTER: Der Aufbau ist aus Fiberglas? Bootsbau-Sperrholz und Fiberglas? Wie hast du es gemacht?

JAY: Nein, aus Holz. Ziemlich komisch eigentlich – ich hatte damals so wenig Kohle, dass ich den Abfall eines Surfboard-Bauers bekam. Das waren lange, schmale Streifen, die übrig geblieben waren, fünf Zentimeter breit, aber über zwei Meter lang. Diese langen Streifen bog ich um den Rahmen und verkleidete ihn mit Fiberglas, was im totalen Chaos endete. Ich bekam keine glatte Oberfläche hin, die du fürs Fiberglas brauchst, und daran scheiterte es am Ende auch. Ich habe damals eines gelernt: Wenn du eine Camper-Hülle bauen willst, dann brauchst du eine glatte Oberfläche aus Sperrholz. Und die verspachtelst du mit Kitt, damit alle Risse und Löcher gefüllt sind, dann schleifst du alles ab und setzt das Fiberglas auf. Manchmal weist Fiberglas nadelfeine Löcher auf, durch die Wasser eindringen und das Holz zum Schimmeln bringen kann. Genau das ist schließlich mit dem CRX-Camper passiert. Ich hatte ihn acht Jahre, bevor ich ihn zerlegte.

FOSTER: Was kam danach? Und woran arbeitest du im Moment?

JAY: In letzter Zeit bin ich wieder mit Projekten wie dem CRX beschäftigt. Ich habe das Gefühl, mit dem Patagonia-Worn-Wear-Pickup eine Art Höhepunkt erreicht zu haben. Denn da habe ich mich richtig lange und sehr konzentriert mit einer einzigen Sache beschäftigt. So ähnlich wie bei deinem Camper [dem Suzuku SJ 410] oder dem Visla-Bus. Bei beiden hatte ich so um die zwei Wochen zu tun. Ich finde es spannender, mit begrenztem Budget und in kurzer Zeit zu arbeiten. Der Patagonia-Pickup war also eine Herausforderung, weil ich so viel Geld zur Verfügung hatte, dass ich fast alles machen und unbegrenzt Zeit hineinstecken konnte. Das Ergebnis war toll, denke ich, und alle Mühe wert, aber für meine eigenen Camper würde ich das eher nicht wollen. Ich will mir etwas bauen, was spontaner entstehen sollte.

FOSTER: Ich habe dich immer dafür bewundert, dass du aus dem Stegreif etwas entwickeln kannst. Du bist unheimlich produktiv und arbeitest wahnsinnig schnell und wahnsinnig gut. Aber das schlägt sich doch irgendwann auf die Einnahmen nieder.

JAY: Ich will einfach nicht mehr so arbeiten, weil ich das Gefühl habe, ich müsste den Kunden was Perfektes hinstellen. Mittlerweile bekomme ich jede Woche E-Mail-Anfragen von Privatpersonen oder Firmen, denen ich irgendwas bauen soll. Und beim Patagonia stand ich unter großem Druck, ich wollte wirklich was Tolles zustandebringen, und das war anstrengend. Hätte ich das Fahrzeug für mich selbst gebaut, hätte ich gar nicht damit angefangen. Selbst mit einem großen Budget hätte ich nicht so viel Zeit hineingesteckt.

FOSTER: Ja, ich weiß, wir haben uns schon mal darüber unterhalten – beim Ausbau meines Toyota-Camper habe ich eine seltsame Erfahrung gemacht. Ich wollte alles ganz toll und großartig haben, aber je perfekter es wurde, desto mehr hat es an Charme eingebüßt, wenigstens für mich.

JAY: Ja, die Gefahr besteht immer. Wie entwickelt man sich weiter, wie wird man besser, ohne alles perfekt zu machen? Man will sich ja eine gewisse Freiheit, eine gewisse Ungezähmtheit bewahren. Das ist ein großes Thema in der Kunst, in der Malerei. Kleine Kinder malen die besten Bilder, keine Frage. Als Erwachsener wirst du nie was Besseres hinkriegen. Wie willst du dich also mit deinen Lebenserfahrungen und deinen Vorstellungen weiterentwickeln, voranschreiten, während du gleichzeitig wieder zurückgehen willst?

FOSTER: Welchen Rat hast du für jemanden, der sich von deinen Fahrzeugen animiert fühlt, so etwas an seinem eigenen zu versuchen?

JAY: Mein Rat lautet: Fang einfach an. Jedes Projekt schüchtert erst mal ein, aber kein Schritt ist schwerer als der erste.

Bar Harbor, Maine, USA

KAPITEL 8

PICKUP- UND ALLRAD-CAMPER

Vorhergehende Seite:
Mercedes-Benz Unimog U 4000,
Bj. 2012,
Westküste, Südafrika
Foto: Svend Rands

Im Uhrzeigersinn von links: Truckee, Kalifornien, USA; Portland, Oregon, USA; Truckee, Kalifornien, USA

Immer dem Schnee hinterher: Tims und Hannahs Ford F-250 Eigenbau ist für das weiße Element gemacht.

Die beiden sind ein Dreamteam. Tim ist seit über einem Jahrzehnt Snowboard-Profi, Hannah selbst eine fantastische Skaterin und Surferin und ausgebildete Konditorin. Mit ihrem Ford F-250 schlagen sie an der gesamten Westküste ihr Lager auf, gehen zum Surfen, Boarden, Biken und schaffen ein Bewusstsein für Umweltthemen. Wenn sie nicht unterwegs sind, wohnen sie in einer unglaublich kleinen Hütte in den Bergen in Truckee, Kalifornien. Ich bewundere die positive Energie, die sie allem, was sie angehen, entgegenbringen, sowie ihr Bedürfnis, sich mit den Elementen zu messen.

FOSTER: Ist euch schon ein Name für euren Camper eingefallen?

TIM: O ja. Radical Roamer.

FOSTER: Ich möchte mich mit dir darüber unterhalten, wie ihr zu diesem Fahrzeug gekommen seid. Als wir uns kennengelernt haben, hattet ihr einen Ranger mit Allrad-Antrieb.

TIM: Es begann mit diesem Ranger, der eine sogenannte Camper Shell hatte, ein Hardtop. Aber auf lange Sicht war das nichts. Für eine Woche, wunderbar, aber dann haben wir festgestellt, dass es nicht funktioniert, und der Winter kann ziemlich brutal sein. Also dachten wir, eine Kabine wäre die Lösung. Wir hatten den Ranger und brauchten einen kleinen Kabinenaufsatz, also besorgten wir uns einen. Der war super, aber wir suchten etwas, in dem wir monatelang wohnen konnten, vor allem im Winter. Wir wollten das kalte Wetter auskosten, nicht vor ihm davonlaufen. Außerdem verhielt sich der Aufsatz in einer stürmischen Nacht auf einem Bergpass ziemlich instabil. Er war einfach nicht für den Schnee geeignet. Und so kamen wir zu dem, was wir jetzt haben – einen Camper, mit dem wir überall hinkönnen. Alles, was wir gelernt und jemals gewollt haben, haben wir in dieses Fahrzeug gesteckt.

FOSTER: Erzähl von der Geschichte des Pickup.

TIM: Der Pickup ist Baujahr '94, ein Turbo. Ein 7.3 Turbo. Noch vor dem Powerstroke – also eher Baujahr '94½. Ende '94 hat Ford seinen ersten Turbo-Diesel herausgebracht, und das sollt einer ihrer besten sein, weil es ihr erster Auftritt auf dem Diesel-Markt war und sie alles hineingesteckt haben, was sie hatten. Dass wir den gefunden haben, war große Klasse.

FOSTER: Habt ihr lange nach dem Pickup gesucht? Und wo habt ihr ihn gefunden?

TIM: Wir wussten genau, was wir wollten. Wir wollten einen Turbo-Diesel mit zwei Türen, es hat also etwas gedauert, bis wir einen fanden. Wir entdeckten in auf Craigslist, in Sandy, Oregon. Er hatte bloß

Baja California, Mexiko

200 000 Kilometer drauf. Wir waren sofort begeistert und rissen ihn uns auch gleich unter den Nagel. Die Wohnkabine hatten wir ja schon. Auch nach der haben wir lange gesucht.

FOSTER: Um welche Kabine handelt es sich?

TIM: Eine Northern Lite von 1993, Modell 610. Die ist für kleine Pickups entworfen worden, so, damit sie auf einen Ranger passt oder einen frühen Tacoma. Sie sind klein und ganz schwer zu finden. Wir waren gerade in Tahoe, als eine auf Craigslist auftauchte, ich arrangierte sofort alles, und wir flogen nach Portland und landeten dort um 23 Uhr. Hannah musste morgens um halb fünf in die Arbeit, und ich fuhr hoch nach Squamish in der Nähe von Whistler [British Columbia, Kanada], packte die Kabine auf den Ranger und fuhr am Abend nach Portland zurück. Wir stellten sie in die Garage und schrieben den Allrad-Ranger am nächsten Tag zum Verkauf aus.

FOSTER: War es schwierig, die Kabine über die Grenze zu bringen? Ich hab schon Horror-Storys gehört.

TIM: Die Geschichte war saukomisch. Damals befürchtete ich, ich könnte Probleme mit dem Zoll bekommen. Ich fuhr hoch, kaufte die Kabine, und bevor ich wieder über die Grenze wollte, steuerte ich einen Goodwill-Laden an und spendete alles, was hinten in der Kabine lag und irgendwie kanadisch aussah – einen Flaschenöffner mit einer kanadischen Flagge drauf,

Santa Cruz, Kalifornien, USA

Papierteller, die ganz offensichtlich in Kanada gekauft waren. Ich räumte alles raus, was auf den kanadischen Vorbesitzer verweisen könnte. An der Grenze war ich dann furchtbar nervös, ich hatte keine Lust, mich mit dem ganzen Papierkram rumzuschlagen, aber der Typ an der Grenze wechselte keine drei Worte mit mir. Letztlich lief alles völlig problemlos ab.

FOSTER: Ihr hattet also den Pickup, habt ihn nach Reno gebracht, die Pritsche abgebaut und seid darüber schier wahnsinnig geworden, oder?

TIM: Wir sind damit nach Mammoth, Kalifornien, gefahren, bevor wir die Pritsche abgebaut haben. Unser Kumpel Scotty hat uns geholfen, eine Plattform für die Wohnkabine zu schweißen. Aber die war zu klein für die normale Pritsche. Wir mussten sie höher legen. Einen Tag, bevor wir nach Mammoth für eine Snowboard-Veranstaltung aufgebrochen sind, wurden wir fertig. Aber in Mammoth wären wir damit fast umgekippt. Die Kabine war völlig aus dem Gleichgewicht. Aber danach dachten wir: Wir haben den Pickup, wir haben die Kabine, aber wir haben keine Lösung, die beiden zu einer Einheit zu verbinden. Die beiden kommen sich gegenseitig in die Quere. Es funktioniert nicht. Dann sind wir zu einigen Kumpel in Reno, die eine Werkstatt für Metallbearbeitung haben. Die stellten uns Platz zur Verfügung und erklärten sich bereit, sich mit uns der Sache anzunehmen. Und dann fanden wir auf Craigslist eine Aluminiumpritsche, die sich ein Typ angeschafft und dann erst gemerkt hat, dass sie nicht auf seinen Pickup passt. Für unseren Pickup war sie wie geschaffen. In der Werkstatt in Reno bauten wir dann alles zusammen.

FOSTER: Wie lief es mit dem Innenausbau?

TIM: Der Innenausbau war super – den haben wir vergangenen Winter in Portland vorgenommen. Wir hatten den Wagen in der Garage des Hauses abgestellt, das wir gemietet hatten, und da es den ganzen Winter durchgeregnet hat, haben wir jeden Tag gearbeitet. Die Kabine hatte vorn, wo das Bett war, ein Leck, wir hatten also einen Wasserschaden. Deshalb rissen wir die Holzverkleidung und die Isolierung raus, dazu die Fenster, dichteten alles neu ab und bauten neue Rahmen für die Fenster ein, isolierten und verkleideten alles neu. Dann wurde das ganze Ding neu gestrichen. Es kam ein alter Tisch rein, wir rissen die gesamte Elektrik raus und stellten auf Solar um. Die Heizung ersetzten wir durch einen Holzofen. Die Sitzpolster waren wahnsinnig schäbig, also ließen wir alles neu polstern, mit Materialresten von Airblaster-Klamotten, das alles ist jetzt super wasserdicht und strapazierfähig. Und dann mussten wir noch die gesamte Außenseite abdichten und das Loch reparieren, das wir reingefahren hatten. Als wir ihn nämlich in die Garage stellten, krachten wir gegen das Garagentor, das Loch mussten wir also auch noch schließen.

FOSTER: Ihr habt die Kabine also von Grund auf neu aufgebaut?

TIM: Hauptsächlich haben wir sie wegen ihrer Fiberglas-Hülle gekauft. Sie war so groß und irre isoliert und superleicht, sie wiegt nur 375 Kilo. Die wollten wir; wir mussten nur eine Menge Arbeit reinstecken. Aber es hat sich gelohnt. Jetzt ist es einfach fantastisch, wenn man drinnen ist.

FOSTER: Ja, ich bin nicht unbedingt ein großer Fan von Aufstelldächern.

TIM: Genau. Seit unserem Hardtop können wir nie mehr ein Aufstelldach haben. Es ist einfach toll, wenn man irgendwo schnell zum Schlafen ranfahren kann und auch noch eine Menge Stauraum hat. Man hat nicht das Gefühl, sich in einem Zelt aufzuhalten, sondern in einem kleinen Zuhause. Es ist viel wärmer, es gibt weniger Kondensation. Definitiv das Beste, was wir gefunden haben.

FOSTER: Einen weiteren Fehler, den die Leute gern machen: Sie denken: »Meine Kabine wiegt bloß dreihundert Kilo, kein Problem, die krieg ich locker auf meinen Pickup, der eine halbe Tonne Zuladung hat«. Aber sobald sie ihre Sachen einräumen, ist der Pickup überfordert, er fährt sich nicht mehr richtig, was ziemlich gefährlich werden kann.

TIM: Genau. Deshalb waren wir auch so auf diesen Pickup und die kleine Kabine fixiert. Wir haben über eine Tonne Zuladung, und der Motor schafft das Gewicht locker, er fährt sich großartig und kommt nie ins Schwimmen. Man kann mit dem Ding mächtig aufdrehen. Im Ranger hatten wir immer Sorge, dass wir zu wenig Wasser dabei haben, oder wir konnten das Snowboard nicht mitnehmen, weil es zu viel wiegt. Das macht keine gute Laune. Man muss Vertrauen in sein Fahrzeug haben, man will nicht immer darauf hoffen müssen, dass es schon irgendwie gutgeht.

FOSTER: Wohin soll der nächste Trip mit dem Radical Roamer gehen?

TIM: Der nächste Trip beginnt am Mittwoch und geht in die Berge um Bend, Oregon. Von dort aus starten wir eine große Tour durch Washington, British Columbia, Montana, Utah und zurück zu den Sierras. Was soll ich sagen, wir jagen dem Schnee hinterher.

Chevy Suburban, Hubdach Eigenbau (Mervin), Bj. 2003,
Big Sur, Kalifornien, USA
Foto: Ian Boll

Pickup- und Allrad-Camper

Bildarchiv

Sport

Oben:

Chevy Scottsdale (The Cedar Escape), Eigenbau, Bj. 1977,
Rye Beach, New Hampshire, USA
Foto: Sarissa Sevincgil

Gegenüber:

Ford Ranger, Eigenbau, Bj. 1999,
Hood River, Oregon, USA
Fotos: Ben Matthews

Toyota Tacoma 2.7L 4Zyl. 4X4, Eigenbau, Bj. 2007
Oben und gegenüber oben: Moab, Utah, USA
Gegenüber unten: Randle, Washington, USA
Fotos: Clifton Hart

XP Camper V1 auf Ford F-350, Bj. 2016,
Zion National Park, Utah, USA
Foto: Grace Wexler

XP Camper V1 auf Ford F-350, Bj. 2016,
Red Rock Canyon State Park, Kalifornien, USA
Foto: Grace Wexler

Toyota Hilux, Eigenbau (The Backwoods Bed), Bj. 1993,
Putney, Vermont, USA
Fotos: Ben Shumlin

Nächste Seite:
Chevy Suburban, Hubdach Eigenbau (Mervin), Bj. 2003,
Canyonlands National Park, Utah, USA
Foto: Ian Boll

Chevy Suburban, Hubdach Eigenbau (Mervin), Bj. 2003,
Canyonlands National Park, Utah, USA
Foto: Ian Boll

Ford F-250 Super Duty Crew Cab Long Bed, 4x4, Bj. 2016 mit Grandby Four Wheel Pop-Up Camper
Gegenüber oben: Punta Camalú, Baja California, Mexiko
Gegenüber unten: Manitoba, Kanada
Fotos: Mali Mish

Dodge Dakota, Bj. 2005,
Big Sur, Kalifornien, USA
Foto: Schuyler Robertson

Dodge Dakota, Bj. 2005,
Pescadero, Kalifornien, USA
Foto: Schuyler Robertson

Oben und links:

Mercedes-Benz Sprinter, Kastenaufbau (HMS Hail Stone), Bj. 2000, Marokko und Portugal

Fotos: Bill Goddard

Gegenüber:

Toyota FJ60 Land Cruiser (Burt), Bj. 1984, Wyoming, USA

Foto: Forrest Mankins

6x6 M1083 US-Militärlastkraftwagen, Bj. 2001
Oben und gegenüber: Galena, Missouri, USA
Fotos: Rene van Pelt

Oben: Kapstadt, Südafrika; unten: Westküste, Südafrika

Groß und mächtig: Ein erstklassiger Unimog-Camper verbindet Vater und Sohn in Südafrika.

Vor ein paar Jahren war ich für längere Zeit in Europa. Als Amerikaner dachte ich immer, ein Wohnmobil sei etwas, was sich deine Großeltern mieten und mit dem sie nach Florida oder Texas fahren, um dem kalten Winter zu entkommen. In Europa hat man dazu eine andere Einstellung. Bald war ich richtig vernarrt in die unzähligen, speziell nach Kundenwünschen angefertigten Camper, die es in Nordamerika gar nicht gibt. Ganz oben auf der Liste meiner Lieblingsfahrzeuge standen die großen Allrad-Camper auf Basis eines Mercedes-Benz Unimog. Mit denen kommt man überallhin, bei jedem Wetter, außerdem verfügt deren Kabine über den Komfort eines Apartments. In den Staaten bekomme ich sie gelegentlich zu Gesicht – wenn sie sich vermutlich gerade aufgemacht haben, den gesamten nord- und südamerikanischen Kontinent zu durchqueren –, und mein Interesse ist dann wieder geweckt. Der Südafrikaner Svend Rands und sein Vater bauten eine Kabine auf einen Unimog, und er war so freundlich, mir meine Fragen zu diesem geländegängigen Ungeheuer zu beantworten.

FOSTER: Welches Modell und Baujahr hat euer Camper?

SVEND: Es handelt sich um einen Mercedes-Benz Unimog U 4000 von 2012.

FOSTER: Warum ein Unimog? Habt ihr auch mal ein anderes großes Allrad-Fahrzeug in Betracht gezogen?

SVEND: Ich bin mit Toyota Land Cruisers großgeworden. Wir hatten alle möglichen, vom Pickup bis zum SUV. Alle waren so ausgestattet, dass man damit in Afrika auf Tour gehen konnte. Aber wenn man was Größeres sucht, ist der Unimog die offensichtliche Wahl. Er ist voll geländegängig und bietet so viel Platz, dass er extrem komfortabel ist. Wenn man erst mal mit einem Unimog unterwegs war, will man kaum noch was anderes.

FOSTER: Wie habt ihr ihn gefunden, und kannst du irgendwas über seine Geschichte erzählen? Unimogs haben oft eine interessante Vergangenheit, nach allem, was ich gehört habe.

SVEND: Das liegt wahrscheinlich daran, dass sie ewig halten. Ich sehe viele alte Unimogs, die immer noch tagtäglich zur Arbeit eingesetzt werden. Man begegnet ihnen bei der Feuerwehr, bei der Arbeit an Bohrtürmen. Die gehen anscheinend nie kaputt. Das neue Modell war in Südafrika gerade auf den Markt gekommen, als wir einen davon zum ersten Mal gesehen haben. Ich glaube, wir haben noch in der gleichen Woche einen gekauft, und damit fing der ganze Spaß an.

FOSTER: Wie habt ihr ihn umgebaut?

SVEND: Wenn du einen neuen Unimog kaufst, bekommst du das Gefährt mit einem komplett nackten Rahmen. Was du da drauf setzt, ist ganz allein deine Sache. Wir haben eine Weile gebraucht, bis wir die richtigen Leute gefunden haben, die uns bei der Verwirklichung unseres Traums geholfen haben. Eine Firma namens Alu-Cab in Kapstadt. Die haben großartige Arbeit geleistet. Die Kabine war die erste ihrer Art, du kannst dir also vorstellen, was da an Design- und Entwicklungsarbeit eingeflossen ist.

Im Großen und Ganzen wollten wir alles so einfach wie möglich halten. Wenn du irgendwo in einer abgelegenen Gegend bist, willst du nicht, dass du lie-

Westküste, Südafrika

ZA
CL 46375

genbleibst. Insofern haben wir eine wirklich fantastische Elektrik, die von Ingenieuren entwickelt wurde, die sonst Jachten ausrüsten. Ich glaube, wir haben einen ganz guten Kompromiss gefunden. Wir können Kühlschränke mit Gefrierfächern, die Beleuchtung und Wasserpumpen betreiben und was wir sonst noch an elektrischen Geräten haben. Das alles wird von großen Solarmodulen auf dem Dach gespeist, mit denen wir unsere Akkus aufladen. Beim AfrikaBurn [dem Burning Man in Afrika] kann ich alles vom Wagen aus mit Strom speisen, unter anderem Extrascheinwerfer und eine Soundanlage. Ich kann die bis zu sieben Tage mit Solarenergie betreiben, dazu muss ich kein einziges Mal den Wagen starten. Nur ein bisschen Sonne, und alles ist gut.

Außerdem haben wir viel Wasser an Bord, es ist also nie ein Problem, wenn man mal duschen möchte. Es gibt drinnen eine Küche, im Allgemeinen kochen wir immer im Wagen, wo wir einen Gaskocher und fließendes Wasser haben. Und natürlich – wir sind hier in Afrika – können wir immer ein offenes Feuer machen.

Man hat nicht das Gefühl, sich in einem Zelt aufzuhalten, sondern in einem kleinen Zuhause.

FOSTER: Wie habt ihr die Schlafgelegenheit eingerichtet? Und wie viele Leute können mitfahren?

SVEND: Die gesamte Wohnkabine besteht aus Aluminium und ist äußerst robust. Fünf Leute können ganz bequem mitfahren. Drei Leute können im Dachzelt schlafen und zwei in einem Vorzelt. Eigentlich ist Platz für sechs, wenn man zusammenrückt.

FOSTER: Wo wart ihr schon überall?

SVEND: Dieser Wagen ist das Baby meines Dads. Wir haben ihn zusammen gebaut, aber meistens ist er damit auf längere Touren gegangen. Er ist durch Südafrika, Namibia, Botswana, Simbabwe und Mosambik gefahren. Leider ist er letztes Jahr gestorben, wir sind daher nie dazu gekommen, mal richtig zu zweit loszuziehen. Ich hab zwei Surftrips entlang der Westküste von Südafrika unternommen und möchte im Juni nach Botswana.

FOSTER: Hast du unterwegs andere Leute mit Unimogs getroffen?

SVEND: Man stößt nicht dauernd auf sie, aber wenn, dann gibt es immer ein großes Hallo, und man fühlt sich einander verbunden. Jeder Unimog ist einzigartig, und es ist immer toll,

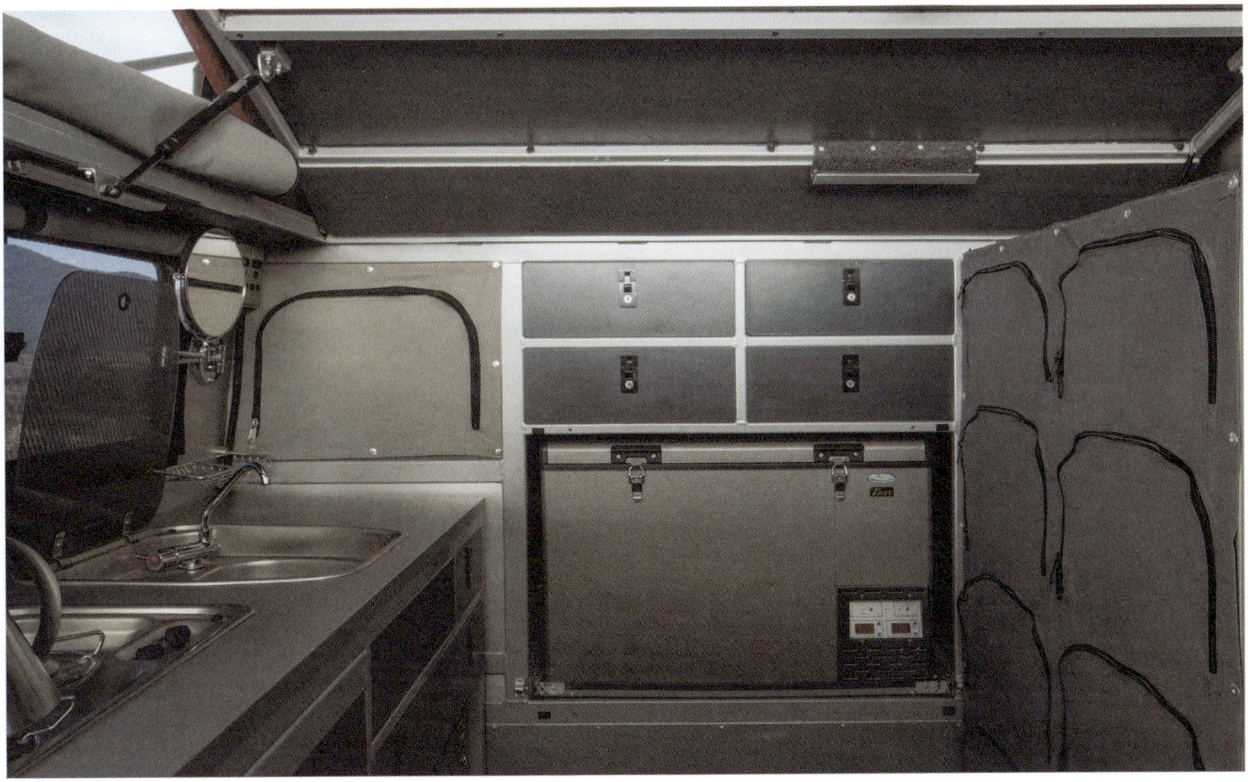

Kapstadt, Südafrika

wenn man sieht, wie andere das Fahrzeug ihren Bedürfnissen angepasst haben. Wenn du so einen fährst, gehörst du definitiv zur Familie.

FOSTER: Schon mal ernsthafte Pannen gehabt?

SVEND: Bislang nicht. Diese Fahrzeuge sind so gut gebaut, die sind nahezu unverwüstlich. Mein Dad und seine Kumpel hatten mal einen Platten und haben einen ganzen Tag gebraucht, um den Reifen zu wechseln. Es ist nicht einfach, einen 150-Kilo-Reifen hochzustemmen, wie man sich vorstellen kann.

FOSTER: Was würdest du jemandem empfehlen, der vorhat, einen großen Camper zu bauen? Und was würdest du an deinem ändern?

SVEND: Fang mit einem guten Fahrzeug an. Mach dir Gedanken, was du mit ihm willst, und plane entsprechend. Bau die beste Elektrik ein, die möglich ist, ohne alles zu kompliziert zu machen. Im Moment fällt mir nichts ein, was ich ändern möchte. Vor Kurzem haben wir die Toilette rausgenommen. Ich hasse diese Dinger. Aber jedes Mal, wenn du auf Reisen gehst, fällt dir was Neues ein. Im Moment aber bin ich zufrieden, so wie er ist.

FOSTER: Gibt es einen Ort, wo du mit deinem Unimog unbedingt hin möchtest? Und erzähl mir was von dem anstehenden Trip nach Botswana.

SVEND: Es ist wirklich schwer, einen einzigen Ort zu nennen. Ein langer Trip geht oft durch mehrere Länder. Aber ich möchte unbedingt den Gonarezhou-Nationalpark in Simbabwe sehen. Dort gibt es angeblich noch richtig unberührte Landschaften, du kannst tagelang unterwegs sein, ohne auf andere Menschen zu stoßen.

Wir sind mehrere, die noch in diesem Jahr nach Botswana wollen. Ich war da schon an mehreren Orten, kann es aber kaum erwarten, wieder hinzukommen. Zuerst geht es zum Kgalagadi Transfrontier Nationalpark. Das ist ein Naturschutzgebiet in der Kalahari-Wüste an der Grenze von Botswana, Südafrika und Namibia. Stell dir wunderschöne rote Dünen vor, ausgetrocknete Flussbetten und Löwen, die nachts an dein Lager kommen. Das Gebiet ist für mich etwas ganz Besonderes, weil mein Dad uns als Kinder oft dorthin mitgenommen hat. Die Natur ist da immer noch unberührt. Von dort geht es zum Moremi-Wildreservat, das an der Ostseite des Okavango-Delta liegt, und dann weiter zum Makgadikgadi Pans Nationalpark. Dort liegen einige der größten Salzpfannen der Erde. Wenn man in solchen Gebieten unterwegs ist, ist man immer auf sich allein gestellt, und erst da weiß man so richtig, was man an einem Unimog hat.

MITWIRKENDE

Stephanie Jewel Artuso
James Barkman
Cyrus Bay Sutton
Sarah Bergland
Martina Bisaz
Ian Boll
Joanna Boukhabza
Eric Bournot
Marianne Brown
David Browning
Taylor Bucher
Jennifer Callahan
Jace Carmichael
Camille Casado
Sean Collier
Capucine Couty
Callum Creasy
Hayato Doi
Tim Eddy
Lara Edington
Tommy Erst
Tiphaine Euvrard
Hannah Fuller
Mark Galloway
Christine Gilbert
Bill Goddard
Ian Harris
Clifton Hart
Alex Herbig
Jens Hruschka
Garrett Hystek
Brook James
Stijn Jensen
Isaac Johnston
Jonathan Edward Johnston
Gabriela Jones
Daniel Kalinowski
Peter Kappen
Charles M. Kern
Grant Koontz
Greg Laudenslager
Austin LeMoine
Brett Lewis
Jennifer Lorton
Ryan Lovelace
Forrest Mankins
Randy Martin
Megan Matthers
Ben Matthews
Callie McMullin
Mali Mish
Kathleen Morton
Jay Nelson
Amy Nicholson
Ross Nicol
Zachery Nigel
Florian Obsteld
Bec O'Rourke
Jessica Perez
Mike Pham
John Power
Svend Rands
Frankie Ratford
Road for Greta
Schuyler Robertson
Sergio Garcia Rodriguez
Norm Ruth
Jane Salee
Blakeney Sanford
Joel Schroeder
Mary Schroeder
Sarissa Sevincgil
Ben Shumlin
Casey Siers
Evan Skoczenski
Adam Smith
Logan Smith
Michael Stevens
J. R. Switchgrass
Sean Talkington
Freddy Thomas
Peter Thuli
Beau van der Werf
Rene van Pelt
Julia Vasilevskaya
Dillon Vought
Emma Walker
David Waugh
Grace Wexler
Gunnar Widowski
Thomas Woodson

DANKSAGUNG

Ich danke Al James, der die Interviews in diesem Buch zusammenstellte und redigierte, sowie Randy Martin, der sich der Aberhundert Fotoeinsendungen annahm. Ohne die Mühen und die Energie der zahllosen Beitragenden weltweit wäre dieses Buch nie zustande gekommen. Ihre Leidenschaft und ihre faszinierenden Fotos haben dieses Buch erst möglich gemacht. Dank auch an meine Freunde und meine Familie, die mir ein fester Rückhalt sind in meinem sich ständig ändernden Leben und mir gesagt haben, wohin ich zu gehen habe, als ich New York verließ und mich auf den Weg machte.

ÜBER DEN AUTOR

Foster Huntington ist Fotograf und Filmemacher aus Skamania, Washington, USA. 2011 kündigte er seine Arbeit in der Modebranche in New York City und zog in einen Camper. In den nächsten drei Jahren reiste er durch Nordamerika, surfte, campte und legte 200 000 Kilometer zurück. Er begründete den beliebten Tumblr-Account und Hashtag van-life.net und veröffentlichte in Eigenregie das Buch *Home Is Where You Park It* mit Fotos aus seiner Zeit unterwegs. Zurzeit lebt er in einem Baumhaus in der Columbia River Gorge im Bundesstaat Washington und arbeitet in seinem Studio an Kurzfilmen und Fotoprojekten. (Mit freundlicher Genehmigung des Autors und des amerikanischen Verlages durfte der Bruckmann Verlag für die deutsche Ausgabe von *Van Life* den Titel *Home Is Where You Park It* verwenden.)

@fosterhunting foster.huntington @fosterhunting